必読書150

柄谷行人
浅田彰
岡崎乾二郎
奥泉光
島田雅彦
絓秀実
渡部直己

太田出版

必読書
150

必読書
150
目　次

序文

奥泉光は小説家であるが、実は私などよりはるかに学者的であり教師的である。彼は近畿大学文芸学部の教員になって以来、学生にどう教えるかということに関して思案しはじめた。毎年新たな学生を迎えて、同じ基礎的な事柄をいわねばならないということは、教師にとって共通の悩みの種である。そして、この基礎的な事柄とは、結局、本を読むということに尽きるのである。最小限の本を読んでいないかぎり、どうしようもない。手っ取り早い「知の技法」などありはしないのだ。

奥泉光は、そこで、同僚の批評家渡部直己や小説家島田雅彦と相談して、共同で、学生に与える本のリストをつくることを構想した。それはかなり前のことである。私のところに彼らが相談に来たとき、それなら、近畿大学だけでなく、どこでも使えるようなものを本として公刊してはどうかと私はいった。一方、近畿大学では、国際人文科学研究所が発足しそこに絓秀実、岡崎乾二郎、浅田彰らが関与することになったのだが、彼らもこの企画に積極的に参加してくれた。こういうリストをつくることは、一大学の問題ではないし、一般に大学教育の問題でもない。いわば、「批評」の問題である。

一九六八年以後、それまでの知的な位階が覆され、これまで権威であった知識人が批判されたということがしばしば強調されている。そして、それとともに「教養主義」の時代が終わった、と。しかし、教養主義への批判は、この時期に初めて出てきたのではない。「教養主義」が栄えたのは大正時代であるが、すでにその時期から教養主義批判が存在したのである。というより、教養とはいわば教養主義の批判にほかならなかった。知識は、現実の生活から遊離した抽象的な観念であるかぎり、教養ではない。真の教養は実践において形成される。要するに、無邪気に教養主義が唱えられた時代は一度もなかった、といってよい。

それなら、なぜ教養主義が強く残ったのだろうか。それは、「現実の生活から遊離した抽象的な観念」をもつ階層が存在したからである。具体的にいえば、旧制の高校や大学が存在した間は、教養主義はつねに否定されていたにもかかわらず、壊れなかったのである。もし六〇年代に教養主義が終わったとしたら、それはけっして批評の力によってではない。資本制経済の力によってである。たとえば、戦前あるいは戦後初期では、旧制中学に進学する者の割合が多くても八パーセントでしかなかった。ところが、六〇年代後半には、急激な経済成長の結果、同じ世代の過半数が大学に進むようになっていた。つまり、すでに知識人と大衆という区別そのものが空疎な状態になっていたのである。また、多くの人々において、「現実の生活」そのものが抽象的で観念的なものになっていた。

かつて教養主義への批判とは、知識人が現実と遊離し、大衆と遊離していることへの批判であった。しかし、現実にこのような遊離がほとんどなくなったなかで教養主義を否定しつづけることは、何に帰結するか。第一に、現状の肯定である。思想の力はむしろ現実から遊離しているところにある。現実から遊離した思想を否定するなら、単に現状を肯定することにしかならない。第二に、教養一般の否定である。その結果、浅田彰がいうように、批判すべきカノン（正典）自体が読まれなくなってしまったのである。そのことは、われわれがリストアップした本のなかで、かなりの数が絶版ないし品切れの状態にあるということからも明らかであろう。

われわれは今、教養主義を復活させようとしているのではない。現実に立ち向かうために「教養」がいるのだ。カントもマルクスもフロイトも読んでいないで、何ができるというのか。わかりきった話である。われわれはサルにもわかる本を出すことはしない。単に、このリストにある程度の本を読んでいないような者はサルである、というだけである。

最初に述べたように、この本を構想したのは奥泉光たちであるが、それを実現にこぎつけるべく奮闘してくれたのは、太田出版編集部の落合美砂である。このリストのなかに太田出版の本が一冊も入っていないことに注意してほしい。そんなことに頓着しない人たちが集まって、この本をつくったのである。

二〇〇二年三月五日

柄谷行人

discussion

反時代的「教養」宣言

奥泉　二年前から近畿大学の文芸学部で僕は教えているんですが、結局、学生に何か教えるといっても「本を読みなさい」ということ、それに尽きる。とくに文学系の場合は、何をどう読むかを指導できれば十分だという気がする。そういう点からして、ブックリストがあったらいいなとつくづく思っていた。教科書を編集する必要は感じないけれど、ブックリストは是非ほしい。そこで今回、近畿大学で国際人文科学研究所が発足する機会をとらえて、研究所にかかわるスタッフ、メンバーが勧めるブックリストができれば現場できわめて有効であり、僕自身もそれを読んでみたいという気持ちがあるわけです。

すでに選定のための討議をおこなってリストが出ています。まだ完成はしていませんが。で、眺めてみると、僕が最初に抱いたイメージとはずいぶん違っている。今の二〇歳ぐらいの人が読める、入門的なものをたくさん含むような形を想定していたんですが、実際つくられたリストを見てみると、なんというか、これ、いったい誰が読むんだ（笑）という感じになったわけです。選定討議の流れに関しては、僕自身もこうした方向に加担してしまったんですが、しかし、やはりこうなるについては、必然性もあったとも思う。では、なぜかくもスタンダードなものばかりを並べることになったのか、この点について、今日は出席できない浅田さんから、この本の準備段階で「反時代的教養主義宣言」というメモが出されていますので、引用したいと思います。

《二〇世紀の終わり――とくに一九六八年以降、一方で旧来の知的権威への異議申し立てが強まり、他方で情報技術を筆頭に工学的なものが支配的になるなかで、人文的教養の危機が叫ばれ、それに対応して、人文的教養の核となってきたカノン（正典）を疑い、従来は周縁に押しやられてきたもの（西洋に対する非西洋、ハイ・カルチャーに対するサブカルチャー、等々）を取り込んでカノンを組み替える試みが、（いわゆる「大学改革」とも連動して）さかんにおこなわれてきた。われわれは、そうした試みの必然性を理解しないわけではないが、それらがおおむねいたずらな多様化と拡散にしかつながらなかったことも認めざるをえない。そこで、本書ではあえて反時代的ともいえる「オーソドックス」な正攻法をとることにした。疑い解体すべきカノンそのものをまず提示することが重要だと考えたからである。損な役回りかもしれない。だが、もっとも権威主義的であるはずの文部科学省からして「ゆとり教育」とか「大学改革」とか称する大衆迎合＝愚民化政策に邁進している現在、われわれとしてはあえてその役を引き受けるほかないだろう。》

まずはこんなところですが。

反時代的「教養」宣言

渡部　ほかならぬ浅田さんが「正攻法」に就くということに、時代の変化をまず感じます。六八年思想の一般化という点からすれば、八〇年代初頭の浅田さんの登場ほど強い契機になったものはない。つまり、ポストモダンな多様性に関して、既成のものを解体して横へ横へと動く拡散のスピードとスマートさ、そういうものがきわめて効果的に推奨された時代を浅田さんは領導したわけで、その点からすると、この「教養」宣言は、かつて「ニューアカ」と呼ばれた影響力に対する一種の修正路線ということになるのかもしれない。そのブームの尻馬に乗っていた僕自身にしても、このリストの今日的な必然性は感じます。カノンへの疑いが、当初の予期に反して非常に虚しい方向性に陥ってしまった現状に対し、このままではよくない、なんとかしようと、このリストに加担したという気がします。

柄谷　そのことに関して、僕は一般的に誤解があると思う。僕は八〇年代の半ばに、どういう本を読めばいいかと聞かれて、岩波文庫を読めといったことがある。その発言は、どこかで活字になっていると思う。ただし、岩波文庫だからいいといったのではない。なぜか、推薦したい本がほとんど岩波文庫にあったということです。たとえば、浅田さんにしても、マルクス、フロイト、ソシュールのような、このリストに入っているものを中心にやってきているはずです。そもそも、現代思想といっても、デリダ、ドゥルーズ、フーコーらは、カント、マルクス、フロイトなどの読み直しをやっているのです。そのこともわからないで現代思想などと騒いでいた連中は、したがって、今や痕跡も残っていない。僕が勧めたのは岩波文庫ですが、もちろん、それは岩波知識人のようなものとは関係ありません。昔も今も、ああいう連中は、知的かつ倫理的にカスだと思っている。

奥泉　わかりました（笑）。

絓　岩波が古典的な教養体系を独占していると、かつて思われていたけど、いわゆるポストモダン的なものの分野でいえば、八〇年代から現在に至る岩波は、そのなかのカスのような本しか出していない。事実、デリダの『グラマトロジーについて』だって岩波から出ているわけじゃない。現代思潮社（現・現代思潮新社）でしょう。フーコーやドゥルーズだって違う。岩波はカント、ニーチェやマルクスは出していますがね。フロイトはどういうわけか岩波文庫にはないんだけど、あれはきっとセックスの話だから、教養主義の範疇には入らないってんで、入っていないんだと思う（笑）。だけどそれでもいいわけじゃないですか。そういう意味では教養の崩落というのは六八年前後に日本では起きている。崩落したのは岩波的なものだった。でも、それを岩波は守っていればよかったんです。岩波文庫に象徴されるものをね。

奥泉　教養の崩落とは具体的にどんな状況を指しますか？

絓　たとえば六八年ぐらいまでは、学生であればマルクスは必ず読むものだった。実際六八年当時は、学生はわけもわからずではあれ、みんな読んでいた。サークルなんかに入れば、学習会と称して読まされたわけです。それが一挙に読まれなくなる。これは何なんだろうと思う。それは単にポストモダニズム云々の話ではないと思うんですよ。

渡部　学生を見ていると、必要に迫られて自分の武器として読む場合は、たとえばルカーチよりアルチュセールのほうがずっと強くて相手を論破できるとか（笑）、知能を超えて飛びつくものです。そういう実践の契機が七〇年代、八〇年代を通して消えてきたというのが大きいと思う。

リテラシーの回復

奥泉　教養という観点からすると、たとえばこのリストには中国のものとかはほとんど入っていない。もちろん、それはわれわれのなかに中国思想や文学の専門家がいないからだといえば、それまでですが。逆に古典というとホメロスや旧約聖書が入っている。これはある意味で、日本の近代以降の教養というものを象徴するリストになっているともいえる。つまり西欧のものを輸入する形で明治・大正・昭和と教養のかたちがつくられてきたわけですが、それは今はどうなんでしょうか。一昔前までは、ヨーロッパの新しい思想文学を輸入紹介する、輸入業者と呼ばれる人々がいて、批判はいろいろありながらも、そういう人たちが教養の厚みをつくってきた面は確実にある。日本文化が独自なものをつくりえているかという問題はおくにしても、そうした輸入紹介の力も今はかなり衰えている気がする。それは、つまり、もはや西欧には見るべきものがないということなんでしょうか？

柄谷 八〇年代にアラン・ブルームの『アメリカン・マインドの終焉』(日本では八八年に出版)という本がありました。それはアメリカの大学でマルチカルチュラリズムが強かったころですね。文化的多元主義というようなものですが、具体的にいうと、ヨーロッパの古典だけでなく、アジア・アフリカの古典も同等に重視するという考えです。そうすると、たとえば、シェイクスピアもホメロスも読まなくていい、アフリカやアジアの文学を読めばいいのだ、ということになる。そういう傾向が、PC(ポリティカル・コレクトネス)のせいもあって、大学の文学教育で強かった。ブルームはそれを批判したのですが、僕は当時彼の意見にむしろ賛成だった。というのは、アメリカで日本のことを教えていたとき、気づいたのは、学生が昔より日本語ができるけれども、西洋のことを何も知らなくなってきた、ということです。近年はもっとひどくて、村上春樹や吉本ばななを読んだが、西洋の小説はほとんど知らない、スタンダールもドストエフスキーも読んだことがないというような学生が多くなっています。非西洋の文化や芸術を尊重するといっても、こういうのは困るんですよ。実は、非西洋圏も多種多様であって、アジア人だからといって、アジア諸国の文学や思想を知っているわけではない。

何か共通のベースを持たないと、お互いに話すのも難しい。そういう意味で、世界的に人が読むべき共通の文化的資産というようなものが必要だと思う。それは絶対的ではなく、暫定的なものでいい。たとえば、われわれのブックリストには西洋と日本の著作がほとんどだけれども、それがすべて、ということではない。アジアの人たちと議論するうえでも必要な基礎的文献を集めているのだと思います。

島田　それも含めてリテラシーの回復に向けて、このブックリストはつくられていると私は思います。つまり、学生と討議するにしても、ベースになっている基本的語彙が整っていないと話が進まない。単語ひとつひとつの概念について訊かれた日には、日が暮れるだけではすまない。もちろんリストに載っている本は、基礎体力のない人がいきなり読んでも、挫折する本ばかりです。でも八〇年代に学生だった者の経験からすると、確かにポストモダンに関した本は、どれも難しかった。でも、わからなくても読んでいるうちに何となく頭に入ってくるもので、それはほとんど体育のようなものです。フィジカル・エクササイズというか、インテレクチュアル・エクササイズで、読めば何とかなるものなんです。そうやってある程度の基本的語彙というかリテラシーを上げたと思う。学生にはそれを求めるということだと思う。

ちなみに八〇年代に学生だった日本人は、日本語でそこそこの哲学の議論が表層的であれ、できた。インドではヒンディー語で哲学を語る人たちがいるし、スワヒリ語でも外国文学とか案外訳されていて、スワヒリ語でたとえば、ポストモダンの議論をしているらしい。そういう話を聞くと、このブックリストに基づいて読書をすれば、日本の大学のみならず、インドでもアメリカでもアフリカの大学でも、相当部分共通のコンテクストができるという意味で有効だと思います。しかし、今は日本の漫画やアニメやゲームが世界共通言語になっているとかいって、西洋古典さえ読まずに済ませようというのは、日本語が通じる世界だけで生きていくからいいといっているようなものです。

渡部　江戸時代の漢籍のようなコンテクスト。

このリストの本を読まないのはサルである

岡崎　僕は選定会議に出席していなかったので、ちょっとここにいることに違和感もあるのですが、それを含めて話してみます。

先日、近畿大学で小林秀雄の『近代絵画』を扱いました。小林秀雄はその当時読めるものを海外の文献も含めてだいたい読んでいる。これだけ文献を読んでいる日本人は彼しかいないだろうというぐらい読んでいる。確かに論としてはヒントしか書かれていないんですが、発展させればクレメント・グリンバーグからさらに現代のロザリンド・クラウスの議論に通じる論点までがそこにはある。なぜそういう射程の深さがあったかというと、もちろんボードレールからアルフレッド・バーに至るまで、先程の柄谷さんの話ではないけれど読むべき基本文献を読んでいたからですね。グリンバーグやらクラウスと共通の出発点をきちんと押さえていた。小林秀雄というとそれだけで誤解があって、現代の美術批評家はもちろん、その当時もおそらく誰もこの本の可能性を理解していなかったでしょう。「解説」を読むと案の定理解していなくて「画家たちの魂の深み」みたいなことが書いてある

（笑）。つまり小林秀雄が前提とした文化的コーパス（サブカルチャーまで含めたかなりの広さの）を共有していないと、小林秀雄が何をいっているか、何を批判しようとしていたかは、わからない。グリンバーグが昔、日本に来て、マティスやセザンヌを見たことがない日本人には自分のいっているモダニズムの議論は意味がないだろう、それはむしろ幸せなのかもしれないなんてことをアイロニカルにいったけれど、この言葉は少なくとも小林秀雄には通用しなかった。逆にいえば、ゆえに小林の美術論も当時の日本はおろか、現代の日本の文化の状況でもまったく理解されえないだろうとも感じるのですね。その小林をわれわれが批判しようとするときには、それ相当の覚悟がいる。せめて小林と同じくらいは美術や音楽に触れていないとどうしようもない。現在小林よりもはるかに容易にそれに触れるチャンスがあるのに小林ほどにも経験がないというのはどうしようもない。浅田さんが「反時代的」といったことを、美術や建築の文脈でいえば、まず本を読むよりも前に、具体的にものを見ろ、という言い方になります。和辻哲郎ではないが『古寺巡礼』からはじめなければならない。そこまで退却してしまっている。

たとえば坂口安吾はブルーノ・タウトの『日本文化史観』をパロディにして、それを批判した。坂口安吾は自分は遠州も何も知らないととぼけて、タウトをからかったりしているわけですけれど、本当はすごく知識があることがほのめかされていて、それがドスを効かしている。そういう意味では、対抗馬が教養主義だとしたら、それをひっくり返すには相手の教養も知っておく必要がある。それがもうほぼ完璧に欠けているというのが現状だと思います。安吾や小林だけ読んでももう何もわからない状況になっている。

そういう現在の状況からすると、六〇年代以降の本というのは選定しにくい感じがしますね。七〇年代以降になるともう、ほとんど残らないでしょう。ポストモダンなんて今の学生は誰も知らないんですから。そもそもモダンも知らない。こういう学生が「脱構築」だとかの本を読んだって、何やってんだか、まったく効率が悪い作業をしているようにしか見えない。ひたすら冗長なわけです。たとえばリオタールを読もうとするならバーネット・ニューマンの絵画くらいは見ていたほうがいい。けれど、そんなことをいちいち説明するのは効率が悪いから、リオタールの『ポストモダンの条件』なら、むしろダニエル・ベルの『資本主義の文化的矛盾』なんかを読むことを勧めるわけですね。TV番組になりそうな凡庸なものを勧めることになってしまうわけです。とりあえずこれを読んでから次に行けと。精度八〇パーセントくらいがちょうどいい。そうすると、ケネス・クラークの『芸術と文明』なんてものをリストに入れざるをえないことになってしまう。でも、こんなオーソドックスで凡庸なリストは今さらというか、今まで誰でもやっていたことなのではないかという気がしてきて、いささかうんざりもしてくるのです。もう本を選ぶのに批評性も何もない、むしろ凡庸さを通過することこそが重要になってきている。そこまで基本が欠落してしまっている。

島田さんがインドでもどこでも議論が通じるための下地といいましたが、美術批評の範囲でいうと、実際に電話帳みたいなアンソロジーが出ているんですね。「一九六〇年以降のクリティカル・セオリー」とかの。ベンヤミンから何から引用すべき箇所だけが効率よく全部アンソロジーになっている便利なものです。海外の美術批評といったってみんな基本的にはそれしか読んでいない。そこからしか引用しない。それ以外のところを引用すると信用されないわけね。そんなことを彼は書いていないなんて（笑）。まあ効率優先ですぐ使えるものにするなら、こういうブックリストより引用すべき箇所のマニュアルなんかでいい。もちろんこれは反語的な意味でいっているのですが。美術とか音楽とかの分野では、こういうマニュアル化が世界的に進んでしまったせいで、かえって理論的な膠着が起こってしまって衰退が甚だしい。ただ自分たちの作品批評を根拠付け、正当化する武器としてこういうマニュアルが使われていて聖書みたいなものです。五年に一度ぐらい新しいヴァージョンになるんですが、物書きはそれに載るといいなあと思っているありさまですね（笑）。

柄谷　そういうマニュアル化、チャート化というのがポストモダニズムの特徴でもあった。原典を丁寧に読んで沈思黙考するという前代の態度を否定して、もっと軽くやろうというものです。こういう態度には前代に対する批評性はあったと思う。しかし、いつまでもそれでやっているのはおかしい。このブックリストはむしろ、それを否定するものです。といっても、以前のように戻れ、というわけではない。八〇年代以後、カバにもわかる何とか、サルにもわかる何とかという題の本が増えた。アメリカでも同じで、もっと露骨に、idiotsのための何とかという本があるけどね。しかし、われわれは、サルにもわかる本を書こうというのではない。これを読まない奴はサルだというだけです。

岡崎　ええ、非常に反動的に聞こえるけれど、とりあえずサルではないのだから、この美術館は絶対行きましょう、歌舞伎や文楽も一度や二度は見ましょうと、そういわなければならない。

島田　このブックリストだけ見ると、確かに気が重いけれど、要はこのブックリスト以外は別に読んでも読まなくてもいいという指針だから、そういう意味では読まなくていい本がいっぱい出てきて嬉しいという解釈もあるけど（笑）。

奥泉　実際問題、このリストを見て全部読もうという人はあまりいないと思うんですね。島田さんがいったように、理念としての指針であってマニュアルではない。マニュアルだとしたら、まったくムチャなマニュアルであって、決して普遍を目指したものではない。そういう意味では理念ですらないともいえる。ある限定された選定者が、勝手にというか、偏向を修正する気もなくつくったリストであって、つまり、なんだか知らないが突発的に現われ出てきた本のリストなんですね。決してあらかじめ意味付けられたリストではないと思う。過剰に意味付けると……。

渡部　丸谷才一のようになる。

柄谷　全共闘世代の人たちには、入門書を書きたがる人が多い。しかし、あんなものを読んでわかった気になってはいけない。われわれのブックリストは、これを読んだらだいたいわかるというものではない。むしろ全然わからなくなる（笑）。それでいい。

渡部　それまでわかっていたつもりのものが、このリストのうちの、とくに人文系の一冊でも本気で読めば、地雷を間違って踏んでしまったように、よい方向にわけがわからなくなる。それでいいわけですね。

関係を取り結んでいく言葉の「場」としてのブックリスト

絓　六八年当時、マルクスだけではなく、学生の教養のベースになっていたのは、実はすでに岩波文庫ではなく、象徴的にいうと六六年に刊行がはじまった中央公論社（現・中央公論新社）の『世界の名著』だと思うんですよ。当時の全集ブームもあって、第一回配本は三〇万部も売れたといいます。全巻すべて新訳で、最初は『ニーチェ』の巻の「ツァラトゥストラ」から入って、次が『フロイト』の巻の「精神分析学入門」だったと思いますけど。あれが毎月刊行されて、高校生が値段が安いこともあって読んでいた。それがある種六八年を準備したと思うんです。

渡部 あのシリーズは実際ありがたかった。ともかく、現物に手軽に接することができたから。それが今や、講談社の「現代思想の冒険者たち」シリーズだもの。現物ではなくて、解説集。

絓 あれは入門書・ガイドとしては、個々にはそう悪くないんでしょうが、何といっても、解説書ですからね。そういうポテンツが落ちている時代のブックリストとして、今回のリストがあると考えてもいいいんじゃないですか。

奥泉 このブックリストに載っているひとつひとつの作品は、「場」だと考えたらいいと思います。具体的な空間としては大学という「場」がある。理想をいえば、大学というのは言葉の場所であって、そこで議論が交わされ、言葉がやりとりされ、人と人の関係が取り結ばれていく。それと同じ意味で、このブックリストは言葉の「場」を呈示したものだという考え方をすべきだと思います。それは、僕たち自身がこのリストに載ってるような書物の言葉をめぐって、人と関係を持ちたいということでもあります。

渡部 それに、長くいろいろな学生と接していて思うのは、騙してでも乗せちゃえば、昨日まで暴走族をやっていた奴が中上健次の『枯木灘』を読んでいきなりハマルんです。これ本当の話ですよ。同じ教室の別の年には、どこで聞きかじったのか、フロイトの初歩を教えていたら、それはウソだ、

『アンチ・オイディプス』をやってくれって唐突にいい出す。その学生は、何か強い必要をそこに嗅ぎとっていたんでしょう。頭の良し悪しをこえて、ともかく必要だったわけです。古典の力というのはそうした必要をちゃんと受け取めて、確かに難しいけれど、読めば必ず人を動かす。奥泉さんがいったようにその「場」に送り出してやればいい。だからリストは難しいけれど、紹介文はできるだけ乗せるように書くつもりです。

当初はこの本の巻末付録に、せいぜい現代の日本の小説しか読んでない人のための「道しるべ」のような一文を添えようかと考えました。村上龍が好きならば、必ずサドもセリーヌも読めるはずだ、とか。『エクスタシー』からはバタイユ、『共生虫』からはモンテーニュ『エッセー』の「人喰い人種について」の章を経てレヴィ＝ストロース。『希望の国のエクソダス』の遠いネタ本は、本人も読んでないだろうけれど、トマス・モアの『ユートピア』やラブレーの『パンタグリュエル』に出てくる「テレームの僧院」であるとか。柄谷さんもいってるように、村上春樹の曾祖父は国木田独歩で、『一九七三年のピンボール』の「僕」のようにベットでカントも読めるはずだといった、まあ、詐欺すれすれの道案内ですけれど、結局やめました。そこまで親切にすることはないですよね。ただ、一行でもコメントがついていると、かなり手に取りやすくなるようで、そこはみんなで工夫するということになったわけです。しかし、もともと何も知らなくて、アリストテレスとアルキメデスの差もわからないというのは、ある意味ではリベラルなんですね。かえって妙な偏見はない。むろん、愛読書を書かせて、赤川次郎なんて答えられるとさすがにガックリしますけれど。

絓　村上春樹だといいほうですから。

渡部　『窓ぎわのトットちゃん』とか平気で書くからね。しかし、そこまで何も知らないんなら、いっそ、このリストからはじめろ、と。

絓　ヘーゲルの『精神現象学』を専門学校生に教えたことがあります。偏差値三〇ぐらいの生徒ですが、主人と奴隷とかいって、お前ら奴隷だから、絶対アウフヘーベンできない奴隷だと、延々と説明するとだんだんわかってくるんですよ。要するに使い方と使わせ方です。

渡部　そもそも、偏差値なんて、この世に難解な書物があること自体を失念させる装置でしょ。ただ、一方でそんな偏差値に振り回されながらも、自分たちが生きていくのに必要なものが本当は与えられていないということに、若い人たちは敏感でもある。飢えていることは飢えている。そこに具体的なブツとして与えると、僕らが考えているほどギャップなく飛びつくんです。なかには、サルトルの『嘔吐』に出てくる独学者みたいに、リストの頭から読んでしまう学生もいるけど。その際にアドヴァイスするのは、最後まで読む必要はない、読んでダメならすぐやめろ、その代わり、即その次の本を読みなさい、と。そのうちに自分にピタッと合う本があるから、それを深く読めばいい。僕は、専門学校生用に絓さんと一緒につくった一〇〇冊リストを去年まで使い回していたのですが、そんなふうにいい含めて、近畿大学の学生のまともな部類で一年で二〇冊前後かな。卒業するまでに六〇～七〇冊くらい。今回のリストはそれよりかなりハードですけれど。

奥泉　そういう意味では、今の学生諸君にも教養に対する一定の欲求はあると。

渡部　端的にいって高校までの授業がひどすぎるんだよ。「教養」って残酷なものでしょ。それを「ゆとり」の授業とかいって、生徒を甘やかしてばかりいる。僕は学部の一年生に、高校までに習ったことは漢字以外全部忘れろって命じて授業をはじめます。

絓　僕は文学史的な授業のときに、柄谷さんの『日本近代文学の起源』をよく使うけれど、専門学校レベルでも「内面というのはないんだ」などと話すと、いきなり見方が変わる。高校で習ってきたことは違うのかと。そういうふうに使っていけば学生も変わってきますよ。そこは教え方ひとつで何とかなるものですね。

渡部　中学・高校の作文教育にしても本当にひどいじゃないですか。要するに日記の続きみたいなものを書かせるわけでしょ。読ませる本といったら『こころ』はいいけれど、「先生と遺書」のところだけとか。このことを折につけ憤慨していたら、今度は何と、四月から漱石自体が森鷗外とともに教科書から消えてしまう。で、現在の教科書で採用頻度が高いのが俵万智と辻仁成！　乙武洋匡も高くて、中島みゆき、松任谷由実といった名も見える。学校関係者がよってたかって、日本中の少年少女を本気で「サル」にするつもりか（笑）と思いたくなる。いっそ、その中高の段階でこのリストを与えたいぐらいですね。昔、戦前の教育で素読というのがあったけれど、われわれも含めて、肉体的というか、言葉とじかに音を通して触れる素読的な教育が全然されていない。あれで仕込んでいてくれたら、僕自身もう少しはましな文章が書けるのに、という恨みすらある。そうしたギャップを埋めるためにも、中学・高校でこのリストを読むのはキツイけれどいいんじゃないの。

島田　読んだらこちらも付き合ってやると。

さまに分かれるわけですね。

感染力のあるヤバイ本の読み方

岡崎　文学であれば、文学そのものと、それについて書かれた評論や文学史が、書かれたものとして同じ土俵に並ぶことがあるけれど、美術や建築であれば、作品とそれについて書かれたものがあからさまに分かれるわけですね。

柄谷さんがさっきマニュアルこそポストモダンだといわれましたが、岡倉天心でも和辻哲郎でも、彼らの書いた本はある意味でマニュアルといえばマニュアルだった。たとえば映画でいえば、岩波新書の岩崎昶『映画の理論』というのはマニュアルでしたね。マルクス主義の匂いプンプンでもこれで映画というものの見通しがついた。あるいは佐藤忠男とかでも、ゴダールなんかに至るまでひとつの視点でヒューーと簡単に理解できるわけですね。ああわかりやすい。ゆえに実際に映画を見て実際に感化されはじめると、なんて凡庸な理解だったんだという反発が起こる。それが重要なんだと思うんですね。反発が起こらないということは作品を見ていないということになる。しかしそもそも、その凡庸なマニュアルに乗せられて、はじめて作品を見たということもあるのだから、そう文句もいえない。むしろ論争的に批判的に作品を見ることのきっかけにそれがなったという思い出があります。

学生を乗せるというのもそうだと思うんです。マニュアルと呼ぶかどうかは別として、「偏見だ」といわれても、最終的には「俺はこう見る」と、人格で責任を取るくらいの覚悟が明確に出ている本は感染力がある。まず感染があってはじめて、それに対するワクチンのように批判が生まれる。そういうリスクを経ないで本当に作品に接することはできない。危険なものであるからこそ芸術なんで、口当たりのよい解説なんてものはいらない。

ブックリストの選定方針でも、『世界の名著』路線のこれだけ読めばいい、ほかの本は捨てろというやり方もある。しかし、そこにたとえば誰もが忘れている志賀重昂なんかがリストに入っていて読んでみると無防備なぶんだけ感染してしまうと。あえてこういう免疫機構の盲点を突くような本を入れておいて、その盲点に誘い入れるようにほかのリストをつくるということも二番目のパターンとしてあるかもしれない。ブックリストに実効力を求めるとしたら、こうした偏向というか危険性をあえて入れておく必要もあると思います。批判すべき対象を免疫形成のためにあえて入れておく。聖書ばかりだと、町に出て、すぐ風邪を引いてしまう(笑)。

これは批評の基本スタンスでもあって、たとえばジジェクがヒッチコックを書くのは、ヒッチコックをみんなが好きだから書くのであって、必ずしも自分が好きだから書いているのではない。その区別がつかないとダメだと思う。和辻哲郎を取り上げるのも好きだからではない。今これを読んだら確実に感染が拡がりそうだから、それに対する予防としてあえてそれを取り上げて免疫をつくっておく。そういうケース・スタディの意味でも、ガラクタであるとしても感染力を持つのなら、取り上げて試しに解体してみましょうという、そういう例が含まれていてもいいと思います。免疫力を試すにはこういうものが訓練になると。今回の「日本文学」のリストを見ると、ある意味でそういうガラクタといっては悪いけど、雑多な面があるからこそ面白く感じました。

渡部　海外のものは比較的スタンダードになるけど、日本のはわりとグレてる。選んだ人間たちの

「偏見」が露骨に出ている面もあって、これだと、たとえば「第三の新人」はまるごとこの世に存在しなかったことになる。その点、岡崎さんのいう二つのパターンがこのリストに現われているといっていいかもしれない。

岡崎　若い人にだんだん本当の意味でキッチュなというか、雑多な生活文化が消えてきている。生活というのは変だけど、要するにヒッチコックでも小津安二郎でも、ピカソでもなんでもいい。たとえば小林秀雄は、ピカソはマガイモノと本物の区別がつかない男であって、何も捨てることができなかったから、いつもガラクタに囲まれて暮らしていると書いた。それがピカソの制作の本質であるといったわけです。それからほぼ四〇年後にロザリンド・クラウスがピカソ論を書いた。ピカソは流通するだけの偽金であり、彼自身がマガイモノである、彼がしていたのは制作でなくむしろ単なる消費であり、文化的な感染力そのものをピカソは体現していると書いた。ほとんど小林秀雄と同じ見解です。しかし小林がこれをいうためには、ピカソと同じように骨董ならぬマガイモノに身辺が侵食されていなければならなかった、ピカソ同様に何にでも感染されてしまう徹底的にミーハーな自分をいわば人体実験のサンプルとして晒しておく必要があったわけです。データはそこからしか得られない。当時ピカソはマスとして迫ってきた。いわばピカソの作品に包囲されていたわけですよ。マガイモノかもしれないと誰もが内心は思っていた。このピカソをどう扱うか。

　ジジェクでいえばヒッチコックに包囲されていたわけでしょう。同じように日本では小津安二郎に包囲されていた、あるいは山田洋次の「フーテンの寅さん」に包囲されていたときもあった。文化の感染というのはこうして、まさにマガイモノ的に増殖していくというところにあって、偽物のなかから本物を見抜くだけでは批評にはならない。批評が分析し解体すべきことは、そのマガイモノとして増殖しつづける、その多産な感染力そのものでしょう。だからピカソやヒッチコックの分析をすることとは、七〇年代の日本でいえば「フーテンの寅さん」の分析をすることと同じですね。寅さんのことを分析しないでドイツあたりのロード・ムーヴィーの分析をしても、寅さんがまき散らしていた風邪には全然効かない。寅さんのほうがはるかに強力ですから。というわけでブックリストもいわば半分マガイモノの可能性も入れた「世界の名著」で包囲したうえで、それをどうブレークスルーするかという、その二本立てで組む必要があると。

絓　二本立ては必要だと思います。リストの選定の際に「日本文学」の部門に『蒲団』が入っているのを見て、柄谷さんが「なんで『蒲団』が入ってるの。あんなものは読まなくてもいいよ」といっていたんだけど、実際、日本文学では『蒲団』に包囲されていた時代があったわけですよ。僕は、『蒲団』はくだらないけど、問題的だとは思ってますが。

奥泉　選定していてわかったんですが、単一の選定基準なんて立てようがないんですね。では複数あるかというと複数でもない。そういう意味からしても雑多にならざるをえない。たとえば『蒲団』と『オデュッセイア』が並ぶなんて、どういう基準なんだと。そこがなかなかいいと思います。

島田　入門書とか解説書の本は無数にあるけれども、おおむね扱っている作家の作品を持ち上げるなり、流行の読み方だけをなぞってあるものが圧倒的でしょ。しかも読者は入門篇を読んだら、あとはニューヨーク・タイムズのブック・レヴューを読めばその本を読まなくていいように、ニーチェは理解したとか、ヘーゲルを理解したというふうになってしまう。だったらオリジナルのテクストを誤読するのは当たり前として、読んじゃえばいいと。結構、オリジナルのテクストには野蛮なところがいっぱいあって、読者のレベルに合わせてわかるところもあるし、わからないところもあるし。

岡崎　感染力があるのはやはりどこかヤバイものですね。こういうとりあえず野蛮で強力なヤバイ作品を直接たくさん浴びる必要がある。こういうものに一度感染すると、それから治るときには新しいものがかえって出てくる。建築のル・コルビュジエなんかには、坂口安吾みたいな文学者までみんな感染してしまった。今でも危ない。

奥泉　つまりこういうことですね。誰も文句をつけようのない本篇という高い山があって、そこに登らせるための入門篇があり中級篇があり、というんじゃダメだと。そういう正規のルートとはまるで関係ない、ときには危険でもあるような、とんでもないルートを各自が発見していくという発想でやるべきだと。

柄谷　読み方によって、何でも違ってきますね。たとえば、マルクスだったら、『資本論』を読まなければダメだと僕は思う。それを、僕は、宇野弘蔵の『経済原論』から学んだ。僕がマルクス主義哲学なるものから自由でありえたのは、そのおかげです。マルクスが取り組んだのは、史的唯物論、つまり、経済的な下部構造がいかにしてイデオロギー的な上部構造を規定しているかというような問題ではない。そういうのは、古来、感性と理性との関係についていわれてきた議論を反復するものであって、少しも新しくない。実際エンゲルスのほうがそれを先に考えたのです。

マルクスが明らかにしようとしたのは、資本制経済です。歴史を唯物論的に見る見方、つまり史的唯物論をもたらすのは、資本制経済の結果です。資本制経済こそがそれ以前の社会を照明する。その逆に、史的唯物論によって、資本制経済を解明することはできない。貨幣経済あるいは資本制経済というものは、下部構造や土台などというものではないわけです。それは、幻想的でありかつ強力です。今のように金融恐慌がいつ起こるかもしれない状況にいれば、それを実感できるだろうと思う。それが資本制経済なのであり、マルクスはそれを生涯かけて解明しようとした。ところが、哲学者というのは、『資本論』などに本当は興味がない。マルクスのテクストからあれこれかき集めて、マルクス主義哲学をつくろうとしてきたにすぎない。ルカーチにしてもアルチュセールにしてもその流れのなかに立っている。だから、こんなものを読んでも、マルクスを読むことにはならない。はっきりいうと、全部くだらない。しかし、読んでいないと、なぜダメかもわからないから、読んでおいたらいいだろう、と思うだけです。

岡崎　ちょっと茶々を入れると、ルカーチだけ読んでも面白くないけど、表現主義に感染した人は、ルカーチを読むと、ああ感染が解けたって感じがするらしい。

島田　つまりこのリストには病原菌も入っている。いろいろ読んでいくうちに進化していって変形していっちゃうウイルスの数々なんだと。

岡崎　先日、学生に梶井基次郎を読ませたら、すぐ感染していましたよ。俺も檸檬を置いて行こうとか。これが文化テロの基本形態だとか（笑）。

柄谷　梶井はいいですよ。今でも、若い人は読むとびっくりするんだ。

島田　こうしてアリストテレスとかモアとかバーッと並んでいると遊戯王みたいだね。知らない？対戦カードゲーム。マルクスをポーンと出すともう無敵なの（笑）。マルクスに勝つためには、合わせ技でカントとフロイトで対抗するとか。

日本ほどあらゆる言語の文献を翻訳している国はない

奥泉　翻訳の問題はどうでしょうか。とりあえず日本語は、たとえば哲学を語りうる言語たりえていると思うけれど、しかし日本語の力はどんどん衰えている印象があって、やがて日本語では哲学や思想を語ることができなくなるのではないかという危機感を僕は持っているんですが。このリストに並んでいるような外国語の書物の翻訳を通じて日本語が鍛えられてきたというか、日本語の表現力が大きくなってきた面が近代以降あったと思うんですね。しかし今は翻訳を通じて日本語を鍛える契機がなくなってきている。その点を踏まえたうえで、翻訳で読むことの意味をどう考えるべきでしょうか？　たとえば具体的にいうと、マルクスはドイツ語で読んだほうがいいとかね。カントはドイツ語で読まないとわからないぞとか。そういう考え方もあるわけですよね。

柄谷　しかし、一人でそういくつも言語はできないからね。僕は基本的に、英語でいいと思う。僕はドイツで、カントについてもマルクスについても英語で講演したことがある。ドイツ人は、カントやマルクスはドイツ語でないと語れない、などといいませんからね。実際、カントもマルクスもドイツ人とはいいがたいところがありますが。要するに、どこの国でも、もう英語でやるほかないと思っている。だから、英語への翻訳あるいは英語での出版が多くなるのは当然です。そして、英語ならみんなそのままで読んでしまって、各国語に翻訳しない。そういう傾向が日本にも出てくるかもしれません。しかし、やはり、日本は翻訳大国であって、この傾向にも一番抵抗するような気がする。

島田　傾向として昔の翻訳は日本語としてちゃんと読めるようにしようというところがあって、多少読みやすい。ドストエフスキーでも米川正夫訳は誤訳は多いけど、日本語としてわりとこなれているところがあって読みやすい。だんだん現代に近づいてくると背景学習や言語学習もレベルが高くなっているから、単純な誤訳は少なくなってきているけれども、そのぶん日本語で書かれた小説を読むようにはいかないような日本語になっているということもあるけどね。

鮭　一般的にいえば、時代が下れば翻訳はよくなって、誤訳も少なくなる。でも誤訳があったほうが読むほうも自分で考えるじゃないですか。最近の翻訳は考えさせない翻訳になっているという印象がある。小林秀雄のドストエフスキー論だって、誤訳だらけの米川訳でやったわけだし。ところがそれ以降のドストエフスキー学者が小林秀雄以上のものを書けたかというと、疑問がなきにしもあらずで、同じような現象はいろいろなところで起きている感じがする。

渡部　そこには、原文との格闘を日本語のなかで訳者自身がどう生き直すかという問題も絡んできますね。ヌーヴォー・ロマンの翻訳がそうで、皆さん大変苦労して訳している。学生時代に、平岡篤頼から、クロード・シモンのたった一語を訳すのに一晩徹夜したという、フローベールみたいな台詞を聞いたことがあります。そうした原語の抵抗感とか、それとの格闘といったものがあって、実際難しいからそれをなんとか日本語に置き換えようとする際の軋轢が、翻訳のインパクトとして伝わってきた部分があった。ムージルとブロッホの訳業は、たとえば古井由吉を小説家にするわけです。しかし、最近の翻訳は、確かに誤訳は減っているんでしょうが、その種の感触はスカスカになっている気がします。それはいいことなのか悪いことなのか、即断しがたいし、小説と思想書でも違うところだとは思いますが。

島田　逆にいえば、スピノザなりカントなりを読む営み自体は、和文和訳をやりながら読むことでしょ。

絓　浅田さんもいっていたけど『精神現象学』の長谷川宏の翻訳は非常にわかりやすいものなわけでしょ。僕は読んでいてもこれでいいのかなと思いながら……。

柄谷　わかりやすいということは意味を限定するということです。意味を限定するということは、可能な別の意味、あるいは読み方を否定するということです。誤訳とかそういうことではなく、わかりやすいことで、必然的に、原文を裏切っている。

絓　そうですね。ヘーゲルが込めた多様なコノテーションを削るからそうなるわけだ。金子武蔵訳だと注が本文の倍の量あるわけじゃないですか。単に、イポリットの解説を載っけているだけですが。でも、それを読みながら読めばいろいろ考えるじゃないですか。

柄谷　しかし、われわれがそういえるのは翻訳が幾つもあるからですね。比較できるほどに多くのヴァージョンがある。これはちょっと驚くべきものですね。大分前ですが、韓国で入学試験から日本語を外すという動きがあった。理由は、日本語には文化的価値がないということだった。しかし、韓国では、かつてひそかに日本語の文献に依存してきたんですよ。日本人の書いたものというよりも、日本語に訳された外国の文献が大事だった。何をやるにしろ、日本語が読めたら、ほとんどの文献が手に入る。そして、すぐにハングルに翻訳できる。しかし、これまではそのことを隠してきた。ということを、韓国の知人が僕にいっていましたけどね。とにかく、僕の知るかぎり、日本ほど何でも翻訳されている国はほかにない。僕が大学院生のころ、若いイギリス人で東大の経済学部に客員教授で来た人がどうも文学好きで、わざわざ英文科に文学を教えに来た。彼は僕のことをすごく尊敬するようになった。理由のひとつは僕が学部でマルクス経済学をやってきたこと。もうひとつは、僕がドストエフスキーの全集を読んでいたこと。彼は、僕が英語はできないということは当然すぐにわかったが、それは僕がロシア語をやりすぎたからだ、と思い込んでいたんですよ。というのは、イギリスでドストエフスキーを全部読んでいるということはありえないからです、ロシア語ができない限りは。

島田　それだったらジェイムズ・ジョイスの『フィネガンズ・ウェイク』も翻訳で読めるわけだから、もっと驚く（笑）。

リストの本の半分も簡単に手に入らない出版の現状

奥泉　そういう意味では、こういうリストをつくれる日本語は大したものだということもいえるわけですよね。ただ、そのうえで僕は、現在の水準は維持できないんじゃないかと悲観的なんですが。それは出版の現状や、大学のパワーの衰微、知的な水準の全体的な低下などを含めて、こういうリストに現われているような知的な水準を今後は維持できないんじゃないかという気がしますけど。

渡部　人文社会科学系書籍に強かった取次の鈴木書店の倒産をはじめ、取次一般の問題もあって、こうした本が生き残れなくなっている現状もあるわけだし、大学も含めてどこでこうした本の場が維持できるか。逆にいえば、そうした物理的な風化現象に対する抵抗の基盤として、大学や、今度の研究所のような場の意味が出てくる。

島田　とりあえず買えなきゃどうしようもないしね。そうすると大学生協とか主要書店にこのリストに載っている本は棚でそろえてもらうという営業ですかね（笑）。

奥泉　素朴なことをいうようだけど、僕は大学の先生に自信を持ってアカデミズムに邁進してほしいですね。とにかく、こういうリストが作成されうるだけの水準を実現できているというのは結構大変なことであって、でも放っておいたら維持はできないからね。たとえば地味な本でも自信を持って翻訳を進めるとか、それこそ職業としての学問じゃないけれども。全体に文化に対する自信が失われている気がします。

渡部　それには、全国の大学の文化系教員の方々が、このリストの本を実際にどれだけ読んでいるかも問題じゃないかな。もっとたくさん読んでいる方もきっと何人もいるんでしょうが。

奥泉　出版という意味では、アメリカのように大学出版局の意義は大きいと思いますけどね。そうしないと堅い本の出版体制は維持できないでしょ。

柄谷　でも、近いうちに出版の形態が違ってくるでしょう。電子図書館にすればいい。

島田　無論理屈では電子図書館とか便利だし可能なんだけれど、結局、文芸協会とか見ているとみんな印税がほしいわけです。

絓　だから逆に働くんですよね。自分の印税を守りたいと。

岡崎　日本の大学が弱体なんじゃないですか。海外でアーカイヴをつくっているのは大学でしょ。本を売って生きているわけじゃなく、本を読ませて生きているわけですから。難解な感染力のあるテクストをタダで配って、あとはお金を取って一対一で大学のゼミで治療する（笑）。

絓　日本はかつてわりとジャーナリズムが機能してきたでしょ。ところが今や機能しなくなりつつあるわけで、もう印税生活者など存在不可能になるんだということが近いうちに見えてくるようになる。そうするとアーカイヴや電子図書館がクローズアップされてくると思います。

島田　だから読まれることによって、印税にかわるペイが生じうると思いますよ。ただ旧来の紙の出版の印税と連動して考えている図書館の料金システムができれば早いと思いますよ。そういうネット図書館の料金システムができれば早いと思いますよ。から上手くいかない。

岡崎　その意味では美術の分野は完全なアーカイヴが整備されつつある。今や美術全集を個人で買いそろえる必要はほとんどなくなってしまった。美術史上の本当にマイナーな画家たちの作品だって全部ダウンロードできますから。僕は授業でもだいたいwebからダウンロードして使っています。建築はもっと進んでいて3Dがダウンロードできる。ル・コルビュジエの建築を回転させながら見せると、今までわからなかったことが容易に理解できる。むしろいまだ眉唾の現代美術の作品がないんですよ、どうしても著作権にこだわりますから。

柄谷　一定のアクセス数まではタダにして、普及してからお金を取るのはどうですか。

島田　最初の五〇〇回なり一〇〇〇回までは無料でいい。一〇〇一回目からのアクセスには料金が生じるようにして。

渡部　自分で一〇〇〇回アクセスしたりして（笑）。

岡崎　少なくとも美術史研究は急速に変化すると思います。たとえばかつて美術史のアーカイヴとして世界に有名な所が二つあって、ベレンソンのところとヴァールブルグなんですね。実はベレンソンのほうが充実していたともいわれるけれど。それに類することがネット上でできるようになってきた。その作品に関するテクストもリンクしていて、この画家に関するテクストの基本はだいたい網羅されている。これを使いこなすと、今まで一部の人が独占していた知識や作品のリファレンス——さまざまな図版一枚を手に入れるだけでも異常に大変だった——それが簡単に手に入る。そういう意味で美術史の水準が大きく変っていくことは確かです。文学でも同じことがいえるかどうかはわからないけど。

奥泉　同じでしょう。検索が一発でできるわけだから。

島田　「プルーストにおける日本」なんてテーマで論文を書こうと思ったらすぐできる。

渡部　国文でいうと、今までは索引をつくるというのは業績になっていた。作品の電子データ化が日に日に容易になっている現状では、もうそうはならない。平凡なテマティストなども変容を強いられますね。つまり細部を検索するとバーッと出てくるから。これまでは、細部をつなぎ合わせて何かをいうには、それを見つける能力が必要だった。

島田　単に辛抱強いだけの人ね（笑）。

岡崎　まあどうしてもマニュアル本みたいに傾向化するということもあるだろうから、実際の本から、ｗｅｂの検索にひっかからないような見落とされた細部を拾い上げて使うという技はあるかも。実際、最近の美術史家でも実物の細部についていたシミを発見して大袈裟に問題にする人なんかが出てきた（笑）。「このシミはアクション・ペインティングの問題群を先取りしている」とか真面目に論じている。そういう点では本物を持つ意味はまだ残る。

柄谷　でも電子図書館ができても本は買うよ。ニューヨーク・タイムズも、インターネットでタダで読めるけれど、面倒くさいからやっぱり買う。

渡部　ただ、本という形態にこだわるのは古いのかな。手触りとか持ち重りとか。

柄谷　僕はこだわらない。移動が多いので、どこにいても読めるような形態が望ましい。

島田　でもプリント・アウトして一番コンパクトなのが文庫だし。とりあえず教養回復運動として書店を焚きつけてこうした本が手に入るようにしないと。

渡部　実際問題として、ほとんど品切れとか絶版だし。このリストの半分も簡単には手に入らない。改めて愕然としましたね。

岡崎　驚くべきことですね。調べると、重要な、しかも売れてもいたはずの本がどんどん絶版になっているしね。

国際人文科学研究所という場

奥泉　このブックリストをつくるきっかけになった国際人文科学研究所と、そのサテライトである東京コミュニティカレッジについて、話を移したいと思います。最初に所長の柄谷さんから。

柄谷　僕は長く『批評空間』をやっていて、NAMという社会運動をはじめましたが、さらに国際人文科学研究所が加わった。また、アメリカでも毎年教えている。これらはそれぞれ違ったものです。しかし、それらは僕のなかで矛盾していない。僕にとっては、それらはひとつの運動が多様なかたちをとっただけです。つぎに、東京コミュニティカレッジですが、これは近畿大学文芸学部ではなく、国際人文科学研究所に属するものです。つまり、大学であると同時に大学ではない。だから、大学制度の制約にとらわれないで、自由にやれると思います。

奥泉 では、研究所の教授で、東京コミュニティカレッジの「常任」である絓さんからも……。

絓 今の大学はひどいじゃないですか。教師の質もさることながら授業の質も大学三年生になって、創作科だと、風景の書き方、句読点の打ち方とか、改行の仕方などを教えている。そこまでレベルが落ちている。しかし学生はいくら偏差値が低くても叩けば伸びるのに、叩かないで教えているから。

奥泉 このブックリストは、そういう意味で学生を叩くためにあるわけですよね。

渡部 ついでに教師も叩くべきなんです。風聞ですが、戦前の大学生の数と現在の大学教員の数が同じなんですって。その教員たちの世界が、こうしたリストのような基本的なものをネグレクトした雰囲気だけで成り立っているんじゃないか。かつて団塊の世代用に大学が山ほどできて、国文に限っても大学院を出ていれば誰でも大学の教員になれた時代があったわけです。それが時代の趨勢のなかでだんだん細ってきて、今や「国文学」と銘打った学科、ひいては「文学部」自体の存続さえ危ぶまれています。それで、生き残り策として創作モードを入れようという大学が各地に現われてきて、それはいいのですが、その内実もまた怪しい。実践指導とはいいながら、結局は「小説」という雰囲気や

「作家」というイメージだけに頼っている様子が垣間見える。具体的な名前は挙げないけれど、その教師が書いた小説を一作でも読んでしまうと、教わる気がたちどころに萎えるような人が平気で教えていたりする。そんな現状があるので、せめてわれわれとしては、教える側も教わる側も、このリストのレベルは目指してもらわなければ困るというラインを引きたい。そもそも、本を読まないで小説が書けると思うのが間違いなわけで。

島田 たとえば美術の場合は、作品を実際につくるでしょ。その指導はどうしているんですか。

岡崎 一般論でいうと、美大の先生は一番楽だといえるかもしれない。課題だけ出して一週間あるいは一ヵ月後に「できた、できた」と手を叩いて「君は自分の世界を見つけたね」とか励ましていればいい。批評はほとんどしない。とくに相手が自分が何をつくりたいのか自覚的でなくて、これしかできなかったという場合には。

批評をするには、まずその作品が展開しうる方向線というか、可能性というのを自分で明確に自覚してもらわないとできない。面白い可能性があっても自分で自覚していないことが多い。まぐれというか、なんとなくできたというか。それでもいいが、いったん自分のつくったものから距離を持って見て、そこから可能性を見つけ出し、今度は自覚的にそれを展開することができないと話にならない。展開できるかどうかというのが、むしろ自己批評の能力なんですね。それこそバッティングでボールの芯にバットを当てるみたいな技術や素養がいる。その枠組みというか素地をつくることが大変なんです。本人も意図していないことを観客が勝手に面白がって乗せても、その本人は不幸になるだけです。本人が「自分がつくった」という事実にだけ固着している場合はいくら教えてもダメ。最低、ほかのやり方もできうるという技術的な余裕がないと客観的な議論にならない。そういう下地があったとして、それをやるならこうだとか実際に講師が自分の手で直して見せることができなければならない。しかしこれをやるためには、作品をつくった人間の個性などとは関係なく、客観的なデータとして作品が分析でき、ゆえに技術として共同で議論し進歩させることもできるという前提が共有されていないとできないのですね。今やスポーツでさえそうなっているのに芸術はそうではなくなってしまった。美大は今や趣味の延長で入ってくる人がほとんどなので、こういう技術論は面食らっちゃうところもあるから、だいたいは誉めていればいいことになってしまっている。

絓　それは陶芸教室みたいなもんですよね。

岡崎　技術を技術として成立させるためにはまずは、そのプロフェッションとしての土俵が共有されていないとダメ。

島田　今、岡崎さんに聞いたのは、小説の創作も状況は同じで、やる気がない学生が多くて、何を書いていいかわからないところからはじまって、何も書くことがないことについて書くなどと高橋源一郎のようなことをいう学生がいるわけですよ。

岡崎　たとえば商業的なアメリカ映画と日本映画を比べて、資本投下の差が質の差になってももっとも大きく現われているものがシナリオでしょう。同じストーリーであっても、その描き方のヴァリエーションをコンペでふるい落としていく。大勢の構成者やライターが集団であぁでもないこうでもないと直していく。その吟味の過程が日本にはない。一人の人間の個性の技術的な揺れがそのまま作品に出てしまう。ちょっとした展開がズレるだけで映画なんて○×が変る。たとえば「シックス・センス」なんて、ちょっと展開のタイミングを間違えたら、こんな駄作はないというギリギリだった。日本にはこれが欠けている。もちろん美術もそうですね。建築はコンペという慣習があるから、まだ集団で議論が成り立つところが多少は残っている。だから授業で擬似コンペをやるんですよ。テーマはなんでもいい。「物理的には小さいが大きく見える作品」とかでいい。審査にえらい建築史家とか詩人とかを招待する。そのときつくった学生は死んだことにして、その作品だけが残されたという状況を仮定する。で、残りの学生と講師みんなでその作品を巨匠の遺作みたいに、「なぜここはこうなっているのか」と厳密に分析するわけですね。つくった学生の目の前でやるわけです。しかし本人は口出しできない。そうすると、あらゆる細部に意味がありどんな偶然もない、すべてに意図があったものと見なされることになる。講評する側の人間も大変ですが、つくった人間はもっと大変ですね。偶然やったところも意図と見なされ、あげく、あんまりいいかげんだと最後は精神分析的に作者の隠された欲望が召喚されてクソミソに説明されてしまいますから（笑）。しかし、そういうことをやると客観的な作品分析ができるようになる。そんなことをやっています。

それから創造性という曖昧なものを技術として教えるのは難しいけれど、情報の圧縮というのは技術で語れる。「この本一冊を一〇行でまとめよ」とか、「三色を使って五秒で似顔を描け」というのは技術で語れる。条件の制限が客観性を与える。あるいは「同じ一つの本から、まったく見解の異なる要約を三種類出せ」とかね。こういう訓練を日本はしていない。海外のドキュメンタリー番組なんかはそれが上手い。昔、タイムライフ社が通信販売でこうした本をたくさん出していましたね。案外小林秀雄のような人はこういう仕事でも優れていたのかもしれない。膨大な数の本を読んで、いちいちそれぞれの本の論点を要約してコメントを付けているみたいなものだから。こうした一〇〇〇本ノックみたいに情報の圧縮をするのも技術の下地としてあるかもしれません。

島田　美術にも相田みつお系の「俺の魂の叫びを聞いてくれ」というような根性ロックみたいなものがあるわけですよ。どこか聞こえないところで叫んでくれとしかいいようがないんですが、しかし、情報の圧縮ということでいえば、結局、作品をつくるというときにはまったく何もないところからはできないわけで、多かれ少なかれ何らかのパクリであったりパロディでなければつくりようがないわけです。そこで強引にこのブックリストでできる教育を考えると、少なくともここに並んでいる海外の小説はパクルのがすごく難しい。逆にいえばひとつの方法しかパクリ方がないわけじゃなくて無数にあるわけです。そういう意味では「『オデュッセイア』の要約をせよ」といっても何通りもできるし、それを時代を変えて固有名詞を変えたらひとつの習作ぐらいにはなりますよね。

箱庭療法からの脱出

奥泉　文学の場合には、「魂の叫び」に関しては、分厚い信仰がありますね。

渡部　後藤明生さんから引き継いだやり方だけど、僕はそれを徹底的に抑圧する。プロレスじゃないんだから、君の「魂の叫び」なんか聞きたくないと。何度か試作を書かせるんだけど、たいていは自分と等身大の主人公が叫ぶか、単にセンチになってるだけ。それを罵倒しまくるんですよ。その罵倒に耐えて四年生になって、その間もちろん、このリストにも上がっているような思想系の書物を読ませて、揉んで、それに耐えてなお、卒業制作を小説でやりたい学生だけに書かせるという形でやってきました。そこで結局何が可能かというと、文学を素材に使ってある種の人間教育を施す程度ですね。大半は、即物的に手を動かしてブツとまみれて勉強する厳しさとハリアイを植え付けることぐらいしかできなくて、実際に作家を送り出せるかどうかは、その先の問題になる。

島田　だから文学教師も美術教師もけっこう危ういところに足を踏み入れて、人生の教師になりがちなんですよ。それが問題なんです。

岡崎　僕は講評する前に一応、本人に「どっち」って訊くけどね（笑）。

渡部　魂系か、手仕事系か（笑）。

岡崎　たしかに、美術作品をつくることによって治癒していくということはあるし、それがわかるわけです。これをやらないとこの人は麻薬に溺れるかもとか（笑）。美術系はそうとうヤバイ学生がたくさん来るからね。精神科にお世話になった経験がある人がもう半数以上いる。だから、それはもちろん必要なことだと思っています。しかし、一方で逆に作品を発表することは、先程の演習みたいに、そこで作者が形式的に「死ぬ」という面があるわけですね。作者の所有から作品が離れてしまう。そのことに耐えられるかどうかを考慮して講評せざるをえませんね。

渡部　学部では今年から日本文学専攻内に「創作評論コース」を特化して、島田さんと奥泉さんのゼミが抱き合わせで本格的にはじまるのですが、それに合わせて、事前に抑圧をかなり緩めてみたら、年にほんの数人だった卒業論文の小説希望者が、二〇人、三〇人いる。そんなに小説を書きたかったのか、と呆れつつ少し反省を強いられましたが、この大半がまた魂系の学生であるかもしれません。

この魂系の人を東京コミュニティカレッジの「文章表現ゼミナール」のほうでもどう扱うかが、課題になると思います。

岡崎 ポール・ド・マンにしても彼の引用するボードレールにしても反歴史主義というかたちでしか文学に位置付けを与えられないじゃないですか。この前近畿大学でちょっと話したんですが、『反時代的考察』のなかでニーチェがいう動物性というのはヌード・マウスみたいなもので、実際、小説家とか芸術家は自分自身を人体実験的なサンプルにしてはじめなければならない――「電波少年」みたいなところがあると、かなり翻案して煽ってしまいました。自分をあえて実験台にいろいろなヤバイ病気に罹ってみて、最後にその治癒過程を冷静に自己批判し、分析する。もう歴史は終わった、何もすることがないなんていってないで、せめてそういうことをしなさいと励ましてしまった。

渡部 学部の現状ですと、その自己批判を通して「プロの読み手」をつくる、というところまでしか行かないし、それで十分だともいえます。

岡崎 あと、日本人が一番やりたがらない仕事としてデータづくりがある。その基礎があったうえではじめて、それを超えた生産的な解釈ができる。それが最後になおかつオリジナリティが認められれば、はじめて自己表現ともなるわけだけれども、これが逆転して理解されていて、日本ではこのデータをつくりたがらない。だからwebのアーカイヴも日本が一番遅れている。矢代幸雄という美術史家は先程のベレンソンの研究所で、まったく単調なカードづくりを手伝っていた。その結果世界的な図書館ができた。それが美術史の基礎になった。日本に帰ってきてから彼はそれをやろうとしたんですが、若い人たち――若いといっても、その人たちは生きていれば九〇歳ぐらいの美術史界の重鎮の人たちですよ——がそういう作業をやりたがらない。なんでも仕事の基礎は一般論とかマニュアルというよりは、こうしたデータづくりでしょう。それがあって次がある。集団で研究をおこなう研究所という機関はまず、そのためにこそあると思うんですね。データづくりに日本人が向いていると一般的によく思われているけれど。

渡部 もちろん、基礎データづくりを教えることはできます。太田出版で、絓さんと奥泉さんと一緒につくった二冊の本は、不十分ながらそれです。そこで説いたポイントは先程から岡崎さんが美術指導について強調されている点とも多く重なる。しかし、そうしたデータがありうることも知らずに、とにかく小説を書きたいという人が、ここ十数年来確実に増え続けている。

絓 新人賞の応募数もどんどん増えている。

岡崎 絵を見るより描くほうが好きという人がやはり常に多くいる。人の絵を見るのが嫌いで、なぜ人に絵を見せたいと思うのか。

渡部 僕も理由を聞いてみるんだけれど、有名になりたいからとはさすがにいわない。だいたい「自己表現」といいますね。しかも、読まないでただ書きたい。ネットで日記を書いている人がたくさんいるけどあれと同じ。「私を見て」という感じ。

奥泉 ネットに日記を載せる程度の言葉との関係性で欲望が満足しているのかもしれないな。

渡部 それを「ネット・デビュー」とかいって。頼まれもしないのに、勝手に書いているだけじゃないかと思うけど。

奥泉 そういうところから言葉との関係が広がっていって、いろいろな作品を読んでみようか、といった具合に欲望が広がっていくわけではないようなんですね、どうも。わかる気もするんです。僕も小説を書いているときは、言葉と関係する欲望が充足している面があるから、それほどハングリーに読もうとする気がなくなるのは事実です。とはいえ、書いているときでも、なんだか言葉が不足している感じが絶えずあるのもまた確かなんで、たぶん今書きたいといっている人の大半は、それほどの欲望がないんじゃないかな。力が外には向かわず、自足してしまう感じがある。

柄谷 つまり箱庭療法のようなものじゃないの。箱庭療法の場合、つくっても大勢の人に見せないでしょ。

島田 先生に見せるぐらいですからね。

柄谷 箱庭療法はなぜか効果があるらしいよ。

島田 結局、自分の精神衛生上書きたいだけという非常にプリミティヴな段階に留まっていて、しかも使うソフトがワープロ段階というか。それでいうと、このリストの本は『ユリシーズ』だとかチェーホフとかドストエフスキーとかは、他人の作品というより別のソフトなんですよ。つまりチェーホフ・ソフトを用いると、全然違う作品がつくりうるわけで、そのソフトの活用として他人の本を読もうという気がないということですよね。そこにどういうモチヴェーションを与えるかというのが教師の役目だということだと思うんですが。

岡崎 たとえばメーリング・リスト（ML）って、どこもだいたい喧嘩しているじゃないですか。「こいつ失礼だ」とか怒っている（笑）。これはしかしテニヲハの問題でしかない。内容でなくて文体に怒っている。むしろ学生にMLで書いてもらって、他人のテクストを自動的に読むようにさせたらいいんじゃないですか（笑）。怒ったり憤慨したりするんだから、人の文章に関しては良し悪しの判断ができるということです。一方で自分の文章を推敲しない。無頓着なわけ。自分の表現が読み手に与える効果がわからない。ネットで議論して訓練すると、かえって、きちんとした日本語が身についてしまうかもしれない。

島田　MLを書くときにチェーホフの書簡とかを使うと面白いと思うよ。いろんな気の利いた言い方の手本があるから。

岡崎　一挙にみんな説得されたりして。

渡部　しかし、MLで文句つけるために勉強しますかね。MLそのものが、集団箱庭って気もするけど。

岡崎　ともかく勉強しなくてはいけないという意識があるなら、どんな方法であれ教えることもできますが、美大などは、学ぶ気なんかなく、なんとかそこで目立とうと入ってくる。裸になるのも当たり前だし、人肉だって食べてしまうとか何でもやってしまいそうな人間が放たれたサファリ・パークみたいなものです。美大生は極度に繊細かあるいは凶暴かどっちか。まずは教えるという段階以前の、それぞれの個性を認めるメディアと考えられている。こういう人たちには「キミはもう立派な作家だね」と誉め殺しをまずはしてみる。

渡部　本当は美大でそういう野蛮なことをする人のほうが芽があるかもしれない。村上龍だってその口でしょ。逆に文学部に入って作家になりたいという人は、今や箱庭の枠が強い。

岡崎　たしかに、そういう凶暴な人がね、五年ぐらいして挫折というか方向転回を経験して戻ってくると、とってもいい。以前ハトを食べていた人が、三年ぐらい消えていたかと思ったら、突然膨大な本を読破して、落ち着きある本物の知識人のようになって戻ってきたりする。そういう人がパッと転身して、とってもいい作品をつくる。だいたいそういうパターンですよ。真面目なだけの学生も伸びない。

島田　結局、病気の人が治るとけっこういいわけで、病気でもない人はどうすればいいの。やっぱり一回病気にさせるしかない（笑）。

絓　いや、それは普通の人生を送ってもらいましょうよ。

岡崎　そう簡単に作家がうじゃうじゃ出てきてもらっても大変ですしね。

柄谷　そういう人は箱庭療法でいいんじゃないの。

島田　一人のイチローが出るためには裾野に一万人ぐらいの野球少年がいるわけじゃないですか。これは裾野だからといって不幸なわけじゃなくて、その後も草野球やったりして人生楽しく生きているわけですよ。

奥泉　でも、理念としては箱庭ではやはりまずいですよね。書くこと読むこと話すこと、どの局面においても言葉に関係することの緊張感は必要だと思う。そうした言葉に対する緊張を強いられる「場」が研究所であり、大学である。箱庭的とは、緊張感なく他人に読まれないものを書くということでしょ。小説はとりわけ他人が読むテクストなんだから、書き手が緊張せざるをえないのは当然として、実は読むという局面でも人は緊張すべきだし、つまり言葉に出会うということ自体が本当は大いに緊張すべき何かであって、そうした言葉の「場」として大学はあるべきだと思う。その理念は堅持しないとしょうがない。そこは譲れないでしょう。

島田 箱庭で終わるんだったら、われわれの研究所もユング研究所で終わっちゃうし、四谷でやるより、軽井沢でやったほうがいいんじゃないのということになる（笑）。

岡崎 文学では自分の作品の朗読とかさせないんですか。

渡部 させますよ、体罰として（笑）。ときどき用いる僕の一番残酷なやり方は、自作をみんなの前で読ませることです。学生に限った話ではないのですが、素人の小説は会話が多いのね。それも、何の工夫もなく、実際に口にしているふにゃけた言葉を単に「　」で括りまくって、その間に地の文がくる。で、地のほうもただの「説明」調ばかりなんだけれども、まあ少しは考えて書くので多少のメリハリはあるわけですが、会話だと「ウッソー」とか「ギャー！」とくる。それを人前で読ませると、書いた当人が赤面するわけです。やわな詩なんて書いてきたら、もっと恥ずかしいことになる。

岡崎 文学者のワークショップとかあまりないんですか。カナダのレジデンスに行ったとき、文学者のワークショップも同時にあって、それぞれが前日に書いた作品を朗読する。僕もモグリで聞きに行っていたのですが、音楽と一緒で、いい作品かどうか観客の反応にはっきり現われる。「魂の叫び」でやっている人も朗読させればいい。たとえばアクターズ・スタジオのインタヴュー・シリーズがTVでやっていますね。ハリソン・フォードやらウーピー・ゴールドバーグやらの俳優が例外なくみんな驚くほど話が上手い。「徹子の部屋」みたいなお茶の間的なものにならない。みんなインテリジェンスがあり、話に人を説得できる信念がある。映画に出てくるよりかっこよかったりする。これは訓練のたまもののわけでしょ。どのみちテニヲハのレベルであったら、日本でもこういう訓練をしたほうがいいのにな、と思いますね。自分自身がつくり手になると同時に聞き手になるというだけで、ずいぶん違う。

島田 アクターズ・スタジオの以前から、アメリカでは中等教育の段階でディベートを積極的に授業に取り入れて相手をいかに説得するかの技術を磨きますよね。結局その人が何を表現したいのか、魂のことなんて教師は関係ないし、個性だとその人が思っていることを教師がいじっても大して変わらない。ハトを食う奴はハトを食うわけだし（笑）。せいぜいトレーニングできるものがあるとすれば、説得の技術とかディベート能力だとか、他人の言葉に対してそれにどう切り返すかの対話の技術とか。

岡崎 ともかく向かい合う他者がいて、はじめて自己表現ということですね。

奥泉 小説を書くことと別ではないんですね。弁論の技術と小説はどこかで確実に繋がっている。そう思います。

島田 私がここにいて私が喋っているのだから個性だというのは間違っている。

渡部 結局、相手との関係だから。たとえばゼミ生でも小説を書くことや読むことに熱中していて就職活動をろくにしない学生のほうが、かえって一発で内定を取ったりする。面接のときにちゃんと話ができるから。三年の冬頃から何通も履歴書を書いて就職活動に奔走している学生のほうが決まりにくい。他人との関係のなかに自分があるということが、実際に小説を読み書きすることで身に付くんだと思います。それは箱庭では無理だ。

奥泉 さっきコンペという話があったけど、それに代わるものとして、小説、批評の世界では文学賞というのがあるわけじゃないですか、その機能は今どうなっているかについて少し話してみたいと思います。

島田 コンペについてですが、僕も今度授業で試みにやってみようと考えています。たとえば建築のコンペのフォーマットは、企画案、ラフ・デザインを提出させて真意を質してから、具体的な設計に入るでしょ。小説は今までいきなり書いてもらっていたけど、読むのが辛いということもあるけど（笑）、あらすじとか構想を立てさせて、これは書いていいというものだけ書いてもらう。

アメリカではライター・イン・レジデンスとかがあって、大学がある程度の期間、作家の生活の面倒を見ますが、その代わりに作家は大学に席を置いている間に作品を書く義務がある。グラントを取るためには、最初に小説の構想を提出するんです。まあ、文学賞はできあがった作品に対して生活の足しにと賞金を出して、柄谷さんが昔から指摘していたように福祉の役割を果たしているけれど、これは作品を選ぶ側にいろいろな問題があって、結局は自分の好き嫌いとか弟子筋とかそういうのが選考に含まれていて、果たして公正な選考がおこなわれているかどうかについては、自分も選者としてかかわっていてたぶんに疑問がある。

岡崎 建築も同じですよ。一等賞になるものはたいていダメなんです。二等賞を取って、「なぜこれが落ちたのか」といわれたほうが勝ちで、結局は後続する建築に影響を与えるんですね。

島田　そうですよね。だって建築のコンペの選者のなかにはコミュニティの代表で主婦とかが入ってんでしょ。するとこのアイデアには桜の木が一本入っているからいいとか、そういうアナクロな意見をいう人がいるそうですよ。

岡崎　歴史的に見て、二等賞、三等賞が歴史に残る。はじめから、作家的な建築家はそれを狙っていますね。

絓　文学賞でもある意味ではそういう部分があるでしょう。奥泉さんだって中上さんだってそうでしょ。

柄谷　中上健次の場合、ある雑誌で、手直しを何度もやらされたあげく掲載を断られた小説を、僕が『早稲田文学』の編集長をしていた秋山駿のところに持っていった。秋山は、手直しする前の原稿をそのまま載せたいといった。それが商業誌に載った最初の作品ですね。奥泉君の場合、予選で落ちたものをたまたま中上が読んで、拾い上げたんだよ。

渡部　島田さんもある意味ではそうですよね。

奥泉　文学賞新人賞を選考していて思うのは、言葉が外側にあるのではなくて、内向きな箱庭的言葉の世界をつくっていくことこそ文学なんだという、分厚い信仰が、いわゆる純文学の世界を覆っていることは痛感しますね。だいたい同じような作品が多い。私のミニマムな世界。

岡崎　島田さんがさっき、あらすじを付ける話をされましたが、たとえば建築の学生は卒業設計の課題として今一番需要がありそうな建築の主題を嗅ぎつけて選ぶんですね。たとえば最近は老人ホーム、ホスピス、葬儀場がブームみたいになっている。しかしこうした課題は建築だけでは絶対に完結しないんですよ。どういう環境を目指し設計をしたのか、そこで繰り広げられるだろう場面の理想的モデルというのをコンセプトで説明しなければならない。そこでテクストとして引用されるのが一番多いのが宮澤賢治なんですね。あるいはトトロです。水で薄められた宮澤賢治が、まったくフワフワしたムードだけが使われてしまう。こういうのを読むと、ちょっとは文学者にも責任を取ってもらい審査に参加してもらって正してほしいと思います。ともかく建築をやる学生だって文学の勉強の必要がある。

島田　そういう意味で磯崎新が外国で日本のポストモダンを論じるときによく出すのが、『陰影礼賛』だそうです。

岡崎　ええ、ともかくも文学は領域を超え感染しているし、そういう力を発揮しているわけですね。

島田　丸谷才一が建築家協会に依頼されて講演するんですが、たぶん彼は自分のいうことがきっと一般的な住民というかユーザーになる人の感想と重なると思っているんですよね。その丸谷が、電柱が日本の風景を乱していると思いませんかとか、いうらしいんです（笑）。そんなことは東京電力にいえと思うけど。

絓　電柱論が流行っているよね、なぜか。

岡崎　たぶん文学でも一般に向けて要約しようとすると、オブジェのような単独で自立できる単語が必要となってくるんだと思うんですね。それが電柱なのか月見草なのか知らないけれど、富士山の北側で結核文学者はほんとうに治癒する気はあるのか？　とか、そのジャンルの閉鎖性から出て一般化し要約しようとすれば、必ず、キッチュなオブジェのような横断性が前面に出てきてしまう。

奥泉　要約するという発想は近代文学のメイン・ストリームにない発想ですよ。文学作品というものは要約できないサムシングだと考えられているから。

島田　でも実際は小説を書く場合、要約したほうが書きやすい。構想は裏切るにしてもあったほうがいい。あらすじのなかに全部たくらみが出ているわけで、最初からたくらみのないところに傑作が生まれるはずはないですから。

奥泉　要約に限らず、ひとつの文学作品を多角的にいじれるような視点、言葉との関係を多様なかたちで結びうるような視点がないと、小説や批評たりえないと思う。でも、そうじゃないとする信仰が根深くあって、それを打破するのは非常に大変なのが現状です。

島田　映画もそうだけど、カメラを回せば何かが写ると思い込んでいるけれど、撮る気がないカメラに何も写るわけがないんですよ。これを撮ろうと思ってカメラを回すわけで。小説だってこれを書こうと思って書かないと。なぜか書けてしまったという超自然的なものに対する期待はほとんど裏切られるはずです。

奥泉　つまり、要約というのは自己批評であると考えればいい。自己批評の多様なあり方ですよね。もし大学で教えられるとしたらそれしかない。どうやって自己批評をするかということを教える。そして、自己批評のシステムを最大限作動させる場として、われわれの国際人文科学研究所はある。

岡崎　正確さだけがほしい。揺らぎはいらない。

奥泉　そう。自己批評は必然的に正確さを求め、技術を要請する。

（二〇〇二年一月二三日）

must books

必読書150

人文社会科学50
海外文学50
日本文学50

プラトン
饗宴

ソクラテスは、神々を蔑ろにし青少年を堕落させていると批判されて、ついには死刑に処せられた。堕落？　いったいどんなふうに？　弟子のプラトンが書きとめたような知の饗宴に誘うことによってだ。そこには、『雲』でソクラテスを批判している喜劇詩人アリストファネスも招かれて、原初の人間は両性具有の球体だったという奇抜な神話を語る。あるいは、美貌の青年アルキビアデスが酔っ払って闖入し、ソクラテスと同衾したにもかかわらず指一本触れられることがなかったというきわどい話を披露する。そんななかにあって、ソクラテスその人が、肉体の美から美のイデアへと向かうエロスの道行きを語り、それをもって哲学（フィロソフィア＝知への愛）の寓意とするのである。そこには硬直した「プラトン主義」のかけらもない。いかがわしくも輝かしい知への誘惑だけがある。それにしても紀元前五世紀にかくも自由な対話の空間が開かれていたとは！

浅田彰

プラトン（前四二八or四二七〜前三四八or三四七）古代ギリシアの哲学者。『饗宴』は、岩波文庫（久保勉訳／五〇〇円）、中公バックス『世界の名著6プラトンI』（田中美知太郎編／一七〇〇円）に収録されているものが入手可能。その他の著作に「ソクラテスの弁明・クリトン」「ゴルギアス」「テアイテトス」「パイドロス」「メノン」「国家」「プロタゴラス」「法律」「パイドン」「リュシス」「メネクセノス」「クレイトポン」「クリティアス」「第七書簡」などがあり、いずれも岩波文庫、『世界の名著6プラトンI』『世界の名著7プラトンII』などで読むことができる。『プラトン全集』（全16巻別巻I）は岩波書店から出ているが、現在ほとんどが品切れ。

アリストテレス

詩学

文芸創作についての世界最古の理論および実践指南書。素材はギリシア悲劇とホメロスの叙事詩にほぼ限られてあるが、内容はきわめて具体的、かつ、ほとんど普遍的である。殊に、「ミメーシス」の芸術概念と、「詩的語法」中の比喩論における二大ポイント（本来の語Aの位置への他の語Bの「転用」、異なった事物間の「類似」を発見する能力）は、西洋の美学と修辞学の根幹をなすものとして長く踏襲され、いまだに重視されている。『生きた隠喩』（一九七五年）のリクールなどにいたっては、やっきになってその半分を否定（「転用」→AB間の「緊張」）しながら、残り半分の功徳を吹聴する始末なのだ。これを思うにつけ、凄いというか恐いほどの名著である。というより、神や魂についてならともかく、こんなことまで二三〇〇年も前の人間に頼らねばならず、ひとたび頼ってみるや、たとえば今日の小説家の大半にとってもなお十分役に立つという意味では、いっそ情けないと記すべきか。二一世紀の創作家たらんとする有為の若者は、立ってこの金字塔を倒すべし！ 渡部直己

アリストテレス（前三八四〜前三二二）古代ギリシアの哲学者。『詩学』は岩波文庫『詩学・詩論』（松本仁助、岡道男訳／七〇〇円）、中公バックス『世界の名著8 アリストテレス』（田中美知太郎編／一七〇〇円）で読める。後者には『政治学』『形而上学』『エウデモス倫理学』も収録されている。他に岩波文庫『ニコマコス倫理学』『弁論術』『動物誌』、講談社学術文庫『心について』が入手可能。また『アリストテレス全集』（全17巻）は岩波書店から出ているが、現在ほとんどが品切れ。

アウグスティヌス
告白

日本のいわゆる私小説は決して「私」について語る小説ではない。自己とは他者との関係においてはじめて自己たりうるので、だから「私」について語ろうと思えば、必然的に他者との関係の探求へと導かれる。私小説は、優れた二、三の例外を除いて、関係を問うものではなく、私は私であるがゆえに私であると思い込む、呑気で「自然な」意識が眼に映じる世界を描くにすぎない。これに対し、『告白』は正しく「私」について語った書物である。なにかにつけ「私」にこだわりたい困った人は、「私」への探求がここまでスリリングな対話的テクストを生み出しうる点を確認する意味でも、是非読むべきだ。

西洋古代末、基督教思想が、占星術やマニ教や新プラトン主義といった、のちのオカルトの源流といかに係わる形で育ってきたのか知られる点も面白い。また、時間論を扱うなら第一一巻、記憶論なら第一〇巻が、それぞれ必読の文献ということのようだ。

奥泉光

アウグスティヌス(三五四～四三〇)西方教会の教父、かつヨーロッパのキリスト教を代表する一人。『告白』は岩波文庫(服部英次郎訳／全2巻／各六六〇円)で読める。『神の国』も岩波文庫で入手可能。また『アウグスティヌス著作集』(全30巻)が教文館から出ている。

レオナルド・ダ・ヴィンチ
レオナルド・ダ・ヴィンチの手記

まだ、学問や芸術が専門化し、細分化していなかった頃、すべてはマニュアルの問題だった。マニュアルは徒弟制度を通じて、踏襲されたが、工房からは稀にレオナルドのような天才が現われた。天才は自分を高く売るためにパトロンとなる諸侯を求めて、都市を移動した。靴屋の倅でも、おのが才能ひとつで階級のステップアップを図ることができた。その職業的、階級的モビリティの高さが、ルネサンス期の爛熟の背景をなす。

初めに画家として、その能力を高く買われたレオナルドだが、当時もっとも実証主義的だった医学の影響も受け、解剖の成果を絵画や彫刻に生かしたし、のちには兵器の発明や運河の設計も手がけている。芸術のための芸術を目指すより、封建君主の知恵袋となることを望み、政治にも深く関与した。そのせいか、手記にはパトロンの見つけ方から、ハッタリのかまし方、人品の見極め方など処世訓も数多く残されている。また、事物の観察には詩人のセンスも垣間見ることができるし、寓話に仕立てて見せる芸も細かい。左右一対の脳味噌でよくぞここまでヴァラエティに富んだことを考え抜いたものである。

島田雅彦

レオナルド・ダ・ヴィンチ（一四五二〜一五一九）イタリア、ルネサンスの画家、彫刻家、建築、科学者。『レオナルド・ダ・ヴィンチの手記』は、岩波文庫（杉浦明平訳／全2巻／六六〇円・七〇〇円）が入手可能。他に『レオナルド・ダ・ヴィンチの絵画論』が北宋社から出ている。

マキァヴェッリ

君主論

歴史に対する醒めた目を持っていたマキァヴェッリだが、実際の政治的な栄光とは縁がなかった。失脚、投獄を経験したのち、マキァヴェッリはフィレンツェの君主に取り入ろうとしたが、君主ほど信用の置けない人間はいないとも書いているように、『君主論』はイタリアの未来の権力者、さらにはいつとも知れぬ時代の何処でもない国家の存立に向けて書かれたような普遍性を持っている。国家が崩壊するのを防ぐためには、最初の原則に戻るしかない、というマキァヴェッリの考え方に賛同して、スピノザは『君主論』を、古代ローマの栄光を復活させるべく共和制への復帰を説いた書物と解釈した。

マキァヴェッリは、こう考えた。人は徳を求めるより欲に走るので、社会は時とともに腐敗するし、権力は揺らぎ、紛争も避けられない。この現実認識に基づいて、民衆の自由への欲求と君主の名誉への欲求を合致させることで、都市や地方単位で割拠している権力をイタリアという統一国家権力にまとめるという壮大な夢がこの著作には込められているのである。

島田雅彦

ニッコロ・マキァヴェッリ（一四六九〜一五二七）イタリア、フィレンツェの外交官、政治思想家。『君主論』は、岩波文庫（河島英昭訳／七六〇円）、中公クラシックス（池田廉訳／一二〇〇円）で読める。「政略論」は中公バックス『世界の名著21マキアヴェリ』に収録されていて入手可能。また『マキァヴェッリ全集』（全7巻）が筑摩書房から出ている。

モア

ユートピア

「トポス」（場所）というギリシア語から「ユートピア」（どこにもない場所）という言葉をつくったのはトマス・モアである。架空の理想郷を描いたこの最初のSFは、一六世紀イギリスの現状を批判的に映し出す鏡でもあった。モアの視線は経済にまで及び、「羊が人間を食らっている」という言葉で、共有地の「囲い込み」による牧羊地化（資本の本源的蓄積）の暴力を表現する一方、ユートピアでは、金銀は便器くらいしか使いみちのないものとされるのである。

モアは、宗教戦争の時代を生き、終にはローマ教皇とイギリス国王の板挟みになって処刑された知識人だ。モアや友人のエラスムス、そして彼らの影響を受けたラブレー（『パンタグリュエル物語』で「ユートピー」という言葉を使っている）は、教義（原理主義！）が戦争を生む時代にあって、したたかなユーモアと諷刺を武器に、いかなる教義をも相対化する立場を貫こうとした。その作品はいま読んでも実に新鮮である。

浅田彰

トマス・モア（一四七七〜一五三五）イギリスの人文主義者、政治家。『ユートピア』は、岩波文庫（平井正穂訳／五〇〇円）、中公文庫（沢田昭夫／六六七円）で入手可能。その他の著作「ピコ伝」「警句集」「リチャード三世史」「反ルター論」「苦難に対する慰めの対話」「霊的瞑想」などは、『ユートピアと権力と死』（荒竹出版）に収録されていて読むことができる。

デカルト

方法序説

「われ思う、ゆえに、われ在り」（コギト・エルゴ・スム）というデカルトの言葉は誰でも知っている。しかし、実は、そんなことはわかりきっている、何でわざわざそんなことを「証明」しなければならないのだ、と思う人がほとんどである。しかし、自分は「在る」ような気がしないということで苦しんでいる分裂病者がいるのである。現に、デカルトは、すべてを疑うことを決めたときに気が狂うだろうことを予期しており、そして、実際に狂ったらしいのだ。もちろん、彼は狂ってもいいように長年かかって用意していた。デカルトの懐疑は命がけである。彼と比べると、多くの人は疑うどころか、存在しているかどうかさえ疑わしい。

もっとも、デカルトはこんなことだけを考えていた人ではない。古来、図形を扱う幾何学と数を扱う学は別のものだったが、図形を数の組み合わせ（座標）として見ることによって、それらを結びつける解析幾何学の創始者がデカルトである。そして、これはデカルトの「方法」と密接につながっている。

柄谷行人

ルネ・デカルト（一五九六〜一六五〇）フランスの哲学者、科学者。『方法序説』は岩波文庫（谷川多佳子訳／四〇〇円）、中公クラシックス（野田又夫他訳／一三五〇円）で読める。後者には「哲学の原理」「世界論」も収録されている。白水社から『デカルト著作集増補版』（全4巻）が出ている。

ホッブズ
リヴァイアサン

万人は万人にとって狼である。そういう「自然状態」の危うさは、各人が自己の権利を一人の主権者に譲り渡す社会契約によってのみ解消される。それが主権者としての国家である。ただし、国家と国家の間は「自然状態」にとどまり、それを超える存在はない。要約すると、ホッブズの考えはそういうものだ。君たちはこれをどう思うか。その通りだという気持と、いやそんなことはないという気持を両方抱くだろう。

ホッブズは、イギリスで絶対主義王権時代と、それがピューリタン革命によって倒され、さらに名誉革命によって成立した立憲君主制、この三つの時代にわたって生きて考えた人である。国家を主権者という人格において見ることは、絶対主義王権を支持するように見えるが、そうではない。彼の理論は、これらの体制のどれかを支持するものと見ることはできない。彼の考えはどの時代にも適合しなかった。どの体制からも迫害された。それは今も同じである。ホッブズは今も危険な思想家なのである。

柄谷行人

トーマス・ホッブズ(一五八八～一六七九)イギリスの代表的な政治思想家。『リヴァイアサン』は岩波文庫(水田洋訳／全4冊／セット価格二九九〇円)、中公バックス『世界の名著28 ホッブズ』(永井道雄編／一五〇〇円)で読める。

パスカル
パンセ

フランス・ルネサンスの一大成果たる前世紀のモンテーニュ『エッセー』が、いわば、信仰の桎梏から解き放たれた人間の、その多様で豊穣な可能性をめぐる闊達な随想集であるとすれば、同じ形式を一七世紀に引き継ぐ本書は、偉大な先達に劣らぬ洞察力を逆に「神なき人間の悲惨」へと収斂させた名著。

「ク・セ・ジュ（私は何を知っているか）」。その銘言刻まれたモンテーニュの名高い天秤図の支柱材質が、徹底して地上的な「私」であるとすれば、パスカルの「不安」と「恩寵」はまさに、支柱じたいの脆さにかかわる。前者の「私」に宿る懐疑と自負は、形を変えてデカルトとルソーを生み、宇宙を浸す「無」にたいする後者の実存的な気懸かりは、キルケゴールに飛び移って凄絶な強度をおびる。いずれを好むか。それによって読者個々の世界との関係を占うにたる両著だが、言葉を生きる個性の、卑雑さをも厭わぬ多方向の広がりと明度なら前者、錐のように鋭く繊細な圧縮度なら後者だろうか。ちなみに、後者びいきのブランショはいう。パスカルはたぶん「うまく表現できたからこそ、あれほど悲嘆にくれたのだ」、と。

渡部直己

ブレーズ・パスカル（一六二三〜一六六二）フランスの科学者、宗教思想家、文学者。『パンセ』は中公文庫（前田陽一、由木康訳／一〇九五円）、中公クラシックス（同訳／全2巻／一三五〇円・一三〇〇円）などで入手可能。いくつかの著作が「小品集」として中公バックス『世界の名著29パスカル』に収録されていて、これも手に入る。

スピノザ

エチカ

ユダヤ人スピノザはユダヤ教会から破門された。だが、キリスト教徒にもならなかった。しかし、このような人が何とかやっていけたのは、当時、宗教に関してもっとも自由であった国オランダにいたからである。徳川幕府がオランダとの交易だけを認めたのも、そのためである。スピノザの考えでは、自然＝世界＝神であって、人格的な神などは存在しない。それは子供のころの家族体験から来る想像物にすぎない。どの宗教がいいなどということはない。大切なのは、人が何を考えているかではなくて、現実に何をしているかだ。たとえば、スピノザはその例として、日本人がキリスト教徒でもないのに、道徳的に立派であるといっている（実態を知らないからそういったのだろうが）。スピノザは自由意志を否定した。人間の行為や思考も自然因果性によって決定されている。ただそれが複雑すぎるために、人は自由意志のようなものを想像するだけである。われわれは自然必然性を越えることはできない。しかし、この自然必然性を認識しようとすることはできる。自然＝世界を認識すること、それがエチカ（倫理）であり、「神を愛する」ということである。この点で、マルクスやフロイトがスピノザの徒であることはいうまでもない。

柄谷行人

バルフ・デ・スピノザ（一六三二〜一六七七）オランダの哲学者。『エチカ』は岩波文庫（畠中尚志訳／全2巻／六六〇円・五〇〇円）、中公バックス『世界の名著30 スピノザ／ライプニッツ』（下村寅太郎編／一五〇〇円）で入手可能。『神・人間及び人間の幸福に関する短論文』『知性改善論』『デカルトの哲学原理』『神学・政治論』『国家論』も岩波文庫に入っているが、現在すべて品切れ。

ルソー

社会契約論

近代思想の祖ルソーは逆説的である。ロマンティックな「自然」崇拝者といわれ、理想主義的な教育論『エミール』をあらわしながら、とうてい、自説を実行したとはいえない生涯を送った。『社会契約論』もその例に漏れない。ルソーはジャン＝ジャックを裁くのである。

人間は自然状態のままでは「万人の万人に対する戦い」（ホッブズ）的状態にあるから、相互に契約を結んで統治されることを認めなければならないというこの説は、ロベスピエールらフランス大革命の理論的基礎に採用され、自由な個人のアソシエーションが社会の基礎となるべきだとするフランス社会主義の源流ともなった。しかし、『社会契約論』の前提となっているホッブズ的状態と、一般的にいわれる理想化されたルソー的「自然」状態との間の齟齬矛盾は露呈する（たとえば、フランス革命のテルミドールとして）。そして、その矛盾こそがルソーの創始した「近代」かもしれない。

絓秀実

ジャン＝ジャック・ルソー（一七一二〜一七七八）フランスの思想家、文学者。『社会契約論』は、岩波文庫（桑原武夫、前川貞次郎訳／六〇〇円）、中公バックス『世界の名著36ルソー』（平岡昇編／一五〇〇円）で入手可能。後者には「学問・芸術論」「人間不平等起源論」「エミール」も収録されている。『人間不平等起源論』『エミール』『孤独な散歩者の夢想』などの著作は岩波文庫でも手に入る。『ルソー全集』（全14巻）は白水社から出ている。

カント
純粋理性批判

人間的理性は、その能力の限界を超えているにもかかわらず、どうしても解決せざるをえないような諸問題を課されている、とカントはいう。そのために、人は仮象（幻想）にとらえられる。霊魂の不滅、神、人間の自由を理論的に証明しようとする形而上学はそこから生まれる。しかし、カントが生きていた時代には、すでにそのような形而上学は啓蒙主義者によって否定され、バカにされていた。カントが批判するまでもなかった。

カントが画期的なのは、次の点においてである。それまでの哲学史では、仮象（幻想）は感覚によって生じるものであり、理性によってその誤謬が明らかにされると考えられていた。ところが、カントがいったのは、理性そのものが仮象をもたらすこと、そして、それを取り除くことはできないということである。それが超越論的仮象と呼ばれる。たとえば、歴史の理念なども超越論的な仮象である。マルクス主義が凋落した現在では、歴史に目的があるというような考えは「形而上学」として嘲笑されている。しかし、人がそのような考えでやっていけるはずがない。その結果、人は啓蒙主義以前に戻ってしまう。つまり宗教的原理主義が繁栄するのである。

柄谷行人

イマニュエル・カント（一七二四～一八〇四）ドイツの哲学者。『純粋理性批判』は、岩波文庫（篠田英雄訳／全2巻／上中各七〇〇円・下八〇〇円）で読める。『道徳形而上学原論』『啓蒙とは何か』『実践理性批判』『判断力批判』『永遠平和のために』が岩波文庫で入手可能。また『カント全集』（全22巻別巻一）も岩波書店から出ていたが、現在は入手不可。

ヘーゲル
精神現象学

二人の人間が「承認を求める死を賭した闘い」の末、一方は勝者として主人に成り上がり、他方の敗者は奴隷へと転落する。奴隷は主人に奉仕し続けなければならないが、しかし「神への奉仕は知恵の始まりである」(旧約聖書)。奴隷は主人への奉仕＝労働の結果得られた知恵の蓄積によって、働くことをしない主人が、実は知恵を持たないアホであることを暴露し、ついには主人を打ち倒す。真の主人は奴隷のほうなのだ!

イエナへ進駐した馬上のナポレオンに「世界精神」の定在を見たという若きヘーゲルが、フランス革命の歴史的意味を明らめるべく書き上げたという本書は、ダイナミックなビルドゥングスロマンであり、エンターテインメントとして圧倒的に面白いのみでなく、今なお乗り越え困難な巨峰である。——しかし、それだけには終わらないのがヘーゲルなのだ。アンチ・ヘーゲルを簡単に唱える前に、本書は精読されねばならない。座談会でも述べたが、岩波書店全集版『精神の現象学』(金子武蔵訳)で読むのがベターだと思うが……。

絓秀実

G・W・F・ヘーゲル(一七七〇〜一八三一)ドイツの哲学者。金子武蔵訳の『精神現象学』は、『ヘーゲル全集』(岩波書店)の4巻、5巻に収録されているが、現在品切れ。平凡社ライブラリー(樫山欽四郎訳/全2巻/各一五二〇円)、作品社(長谷川宏訳/四八〇〇円)で読める。その他の入手可能な著作は『キリスト教の精神とその運命』(平凡社ライブラリー)、『歴史哲学講義』(岩波文庫)、『法の哲学』(中公クラシックス)など。また『ヘーゲル全集』(全32巻)は岩波書店から出ていて、一部入手可能。

キルケゴール

死に至る病

『死に至る病』には、一見すると、人間は、神から離れた絶望状態から信仰に向かわねばならない、と書いてあるようにみえる。しかし、よく読むと、人が信仰に至ることなどありえないと書いてあるのだ。信仰していると思っている人も、実は絶望している（ことを知らない）。さらに、絶望していることをどんなに自覚しても、それから出られるわけではない。キルケゴールによれば、いまだかつて、キリスト教徒などいたことはないのだから。実に、絶望的な本である。あまりに絶望的なのでいっそ楽しくなるというような本である。精神病理学者木村敏が、『死に至る病』ほどリアルに分裂病的世界が描かれた作品はないといっている。実際、キルケゴールは、自分は生涯「憂鬱」にとりつかれており、そのために信仰に至ることができないといっている。それこそ彼が「絶望」（死に至る病）と呼ぶものだといってもいい。もちろん、彼の思想を病気に還元することはできないし、事実、キルケゴールは病人ではなかった。しかし、ものすごい奴なのだ。

柄谷行人

セーレン・A・キルケゴール（一八一三〜一八五五）デンマークの哲学者、宗教思想家。『死に至る病』は岩波文庫（斎藤信治訳／五六〇円）、ちくま学芸文庫（桝田啓三郎訳／一二五〇円）で手に入る。『誘惑者の日記』もちくま学芸文庫で入手可能。白水社から『キルケゴール著作集』が出ている。

マルクス
資本論

『資本論』は「国民経済学批判」という副題がついている。大事なのは、マルクスのいう「批判」が自説を主張して相手をやっつけるという批判ではなく、カントがいう意味での「批判」、つまり、吟味だということだ。国民経済学とはアダム・スミスやリカードといったイギリスの経済学者の経済学であり、今では古典派経済学と呼ばれている。彼らの考えでは、商品の価値はそれに費やされた社会的労働によって決まっており、貨幣はそれを表示するものでしかない。一般にはマルクスはそれを受け継いだと考えられている。しかし、マルクスが『資本論』で見ようとしたのは、貨幣がたんに価値を表示する尺度などではなく、それ自身が主体として自己増殖する運動（要するに、貨幣で何かを買ってそれを売ることで増やす）に転化するものだということである。貨幣は流通の手段であるどころか、人間を牛耳ってしまうフェティッシュだ。貨幣経済は世俗的な下部構造であるどころか、「信用」に支えられた宗教的な世界だ。カントの区別にしたがっていえば、貨幣はたんなる仮象ではなく、超越論的仮象なのである。それを簡単に取り除けると考えたマルクス主義者が、悲惨な結果をもたらしたことはいうまでもない。しかし、そのあと、貨幣経済（市場経済）が万能だと勝ち誇った連中はどうしているか。貨幣という仮象にふりまわされて、うろたえ青ざめているのである。

柄谷行人

カール・マルクス（一八一八～一八八三）ドイツの共産主義思想家・運動家、いわゆるマルクス主義の祖。『資本論』は、岩波文庫（向坂逸郎訳／全9巻／総額七二二〇円）、国民文庫（岡崎次郎訳／全9巻／セット価格一万六〇〇〇円）などで読める。岩波文庫『経済学・哲学草稿』『賃労働と資本』『賃銀・価格および利潤』、新日本出版社『ドイツ・イデオロギー』『ゴータ綱領批判・エルフルト綱領批判』、太田出版『共産主義者宣言』『ルイ・ボナパルトのブリュメール一八日』、大月書店『経済学批判』などが入手可能。

ニーチェ
道徳の系譜

聖書は初めから読んでもいいが、辞書のように任意のページを引くこともできる。ニーチェの書物もその意味では聖書と同じ活用法ができる。そもそも『ツァラトゥストラかく語りき』も『この人を見よ』も聖書の福音書のパロディになっている。

このアンチ・キリストたる男は、キリスト教がヨーロッパの精神構造に及ぼした悪影響を取り除こうとしながら、社会道徳や国民意識の創生プロセスの欺瞞を批判する。合理的な法則を見出そうとするスピノザの神への知的な愛を、ニーチェは絶えざる流動のなかで捉えようとし、永遠に自己創造し、永遠に自己破壊する運命への愛へと過激に推し進める。宗教権威や社会道徳や形而上学といった超越論的枠組みから、思考を解き放ち、能動的に自らを更新しながら回帰することを説く。世界は移ろいやすい。しかし、自由な精神の持ち主は世界よりも早く移ろう。単に道徳を守る者は、本能を甘く見ている。おのが本能に忠実であろうとする者は、その本能よりも速く走ろうとする。そこに倫理が生まれる。

島田雅彦

フリードリッヒ・W・ニーチェ（一八四四〜一九〇〇）ドイツの思想家。『道徳の系譜』は岩波文庫（木場深定訳／五六〇円）、ちくま学芸文庫『ニーチェ全集11 善悪の彼岸・道徳の系譜』（信太正三訳／一四五〇円）で入手可能。『悲劇の誕生』『ツァラトゥストラかく語りき』『善悪の彼岸』『この人を見よ』などはいずれも岩波文庫、新潮文庫などで手に入る。また、ちくま学芸文庫『ニーチェ全集』（全15巻別巻4）、白泉社『ニーチェ全集』（全24巻）がある。

ウェーバー
プロテスタンティズムの倫理と資本主義の精神

学生の頃ウェーバーを読んだ私は、あるとき、一生かかってもウェーバーにはかなわないのは当然、その著作を読み咀嚼することすらできないことに思い至り、ついに学問を断念した、というのは半分くらいは本当のことだ。欧米ではウェーバーはあまり読まれておらず、ことにフランス人はそのようで、読んでおくと彼らに対し優位に立てる局面が数多くあるはずだ。大抵のことはウェーバーが書いている。ウェーバーというと「合理性」が強調されるが、ウェーバーくらい人間の非合理性に注目した人はいない。歴史社会の、ほとんど無秩序とも見える事象に、圧倒的な知識力で分け入っていく叙述ぶりは迫力満点であり、単純化すなわち世界理解だと見なすような幼稚な精神とは無縁である。

「プロ倫」を含む『世界宗教の経済倫理』と、『経済と社会』の二つの大著が、さながら大山脈のように横たわるが、含まれる論文はどれもじっくり取り組むに値する。「プロ倫」ももちろん面白いが、入門的にはむしろ「支配の社会学」（創文社）を勧めたい。小説を書こうなんて思っている人は絶対に読むべきだろう。思いきり浪漫を排した人間存在への観察眼が養われる。それにつけても、「支配の社会学」を含む大著『経済と社会』がいまだ完訳されていないのは何故か。日本の社会科学もこれまでか。

奥泉光

マックス・ウェーバー（一八六四～一九二九）西欧文化と近代社会を貫く原理を合理主義に求め、その系譜、本質、帰結を解明したドイツの思想家。『プロテスタンティズムの倫理と資本主義の精神』は岩波文庫（大塚久雄訳／八〇〇円）、未来社（梶山力訳／四八〇〇円）、中公バックス『世界の名著61ウェーバー』（尾高邦雄編／一八〇〇円）で読める。また『支配の社会学』は創文社（全2巻／三二〇〇円・四二〇〇円）で入手可能。『社会科学と社会政策にかかわる認識の「客観性」』『職業としての学問』『社会学の根本概念』『職業としての政治』は岩波文庫、『社会主義』は講談社学術文庫で手に入る。また、『古代ユダヤ教』（岩波文庫、みすず書房）は品切れ。

ソシュール
一般言語学講義

全共闘時代のバイブルと謳われたさる著述家の大書冒頭に、初めて海を見た原始狩猟人がおもわず「う」と声を発し、これが「うみ」という日本語になったとある。ここで感心する人には一生無縁な書物にして、おもわず「ウッソー！」と感じた人には必読書。すぐさま立って本書に就くべし。何よりまず、現実の海と「うみ」という言葉とを切り離すことから始まり、言語記号における一連の二項関係（〈ラング／パロール〉〈連辞／連合〉〈シニフィアン／シニフィエ〉）および、シニフィアンにおける「示差性」の概念の導入によって、二〇世紀初頭の言語学にコペルニクス的転換をもたらした講義録。言語学のみならず、のちの構造主義全域に波及した一大源泉である。ごく卑近な例では、青信号の実際の色が緑でも人は進み、飛車の代わりに死んだゴキブリを使ってもちゃんと将棋が指せる理由などを、深く納得できる。

手引きとしては丸山圭三郎『ソシュールの思想』（岩波書店／八一年）が好著。

渡部直己

フェルディナン・ド・ソシュール（一八五七〜一九一三）スイスの言語学者、言語哲学者。『一般言語学講義』は岩波書店（小林英夫／四三〇〇円）で読める。『ソシュール講義録注解』（法政大学出版局）も入手可能。

ヴァレリー

精神の危機

ヴァレリーは、詩人である。と同時に、詩の制作という過程を意識化することを通して、さまざまなものの生成／制作にかんして鋭い洞察をもたらした。当然、それは経済、国家、その他ほとんどあらゆる領域に及ぶ。ここで一つ、日本に関係することを例にとると、彼は、日清戦争（一八九四年）とアメリカ・スペイン戦争（一八九八年）を見て、そこに、ヨーロッパで獲得された方法と認識が非ヨーロッパ圏に広がったこと、また、それにもとづいてヨーロッパに対する反撃がなされていると考えた。これまでヨーロッパが世界だと思われていたが、もはやヨーロッパは世界のなかの一部にすぎない。そして、ヨーロッパはいずれアメリカと日本に凌駕されるだろう。とはいえ、それで落胆する必要はない。なぜなら、彼らがそうできるのは、ヨーロッパが創り出した方法を活用することによってだから。ヨーロッパ的な原理の優越性は、それがヨーロッパの外でも応用できるような普遍性をもつことにある。だから、その結果、ヨーロッパが凌駕されてもヨーロッパが敗北するわけではない。今日のヨーロッパ共同体はアメリカと日本に対抗して形成されたのだが、そのような未来を一九世紀末に予見していたことがすごい。

柄谷行人

ポール・ヴァレリー（一八七一～一九四五）フランスの詩人、批評家、思想家。「精神の危機」は中公バックス『世界の名著66アラン／ヴァレリー』（河盛好蔵、桑原武夫編／一五〇〇円）に収録されている。同書には「レオナルド・ダ・ヴィンチの方法」「エウパリノス」「詩学序説」も入っている。また、『テスト氏、未完の物語』（現代思潮新社）、『若きパルク／魅惑』（みすず書房）が入手可能。『ヴァレリー全集』が筑摩書房から出ていたが、現在入手不可。

フロイト
快感原則の彼岸

シュルレアリストと呼ばれた夢のコレクターたちも私淑していたフロイトは、抑圧的な性モラルの支配下にあったウイーンのブルジョワ社会に対する一つの挑戦として、ヒステリーの根底にある性的欲求不満を精神分析によって暴いた。しかし、性的欲求の充足だけでは説明のつかない症例があり、自らの理論を修正して、死の欲動という概念をつくった。

ところで、フロイトは、個々の無意識にしまわれていた死の欲動が国家単位で発揮されてしまった第一次世界大戦を見ている。自己の権利を国家に譲り渡して、存在の根拠を確保しようとした個人は、いくら理性を保とうが、国家単位の破壊衝動には立ち向かえない。国家は、理性的な個人を原始人に押し戻し、その本能を国家に奉仕させようとする。フロイトの理論はアメリカで受け容れられたが、ヒステリーや分裂病の治療にはその理論より戦争のほうが効果的だったりするのは、個人が権利を国家に委ねているがゆえだ。恒常的な平和は国家間においては望むべくもないが、少なくとも戦争がなくならない根本的原因がフロイトによって暴かれている以上、それを理性的に回避する手立てはある。

島田雅彦

ジークムント・フロイト（一八五六〜一九三九）オーストリアの神経病学者、精神分析の創始者。『快感原則の彼岸』は、ちくま学芸文庫『自我論集』（中山元訳／一二〇〇円）に収録されている。他に『精神分析学入門』（中公文庫）、『夢と夢解釈』（講談社学術文庫）、『エロス論集』（ちくま学芸文庫）が入手可能。また『フロイト著作集』（全11巻）が人文書院から出ている。

シュミット
政治神学

皇帝が廃されワイマール共和国が誕生した第一次大戦後ドイツは、逆説的ながら、政治を神学的な問題として思考しなければならない条件を生んだ。国家がある例外的な状況に置かれ、何らかの判断を即座に下さねばならず(たとえば、今ここで相手国に宣戦すべきか否か)、しかも、その正当性を判断する理由を、Aという立場の陣営もBという立場の陣営もともに等しく持っている場合、では誰が丁半のサイコロを振るのか、という問題である。いうまでもなく、その丁半は神にゆだねられるべきなのだが、その神が不在であるとき、いったい誰が神の役割を担うのか。あるいは、神なき民主制において、しかし本当に神は存在しなくてよいのか、云々。このことはシュミットが憲法は最高法規であるとして、それは誰がどうやってつくるのかという「憲法制定権力」(=構成的権力)の問題を提起したことにつながっていく。

哲学的にはハイデッガーの問題意識にも(そして、ベンヤミンにも)通じるこの問いを政治学のレベルで問うたのが、ナチスの政治学者となったシュミットである。

絓秀実

カール・シュミット(一八八八〜一九八五)ドイツの公法学者、政治思想家。『政治神学』は、未来社(田中浩他訳/一八〇〇円)で読める。『政治的なものの概念』『政治的ロマン主義』『合法性と正当性』は未来社、『政治思想論集』は社会思想社、『現代議会主義の精神史的地位』『ハムレットもしくはヘカベ』はみすず書房で入手可能。また、主著でもある『憲法論』(みすず書房)は現在品切れ。

ブルトン
シュルレアリスム宣言

《雨のように退屈な男》――そう自らを呼ぶアンドレ・ブルトンがその退屈から逃げ出すことを決意する。それを「自由への正当なる渇望」と告白する正直さは驚くほどである。その意味でこの書はあまりにナイーフな告白の書である。けれど《精神にとって、あやまちをおかすことの可能性は、むしろ善の偶然性なのではないか》という彼の認識を共有することは容易ではない。決して間違えることのない几帳面さ。シュルレアリスムを面白くしているのは基底にあるこの潔癖なる正確さにあった。むしろ《偶然にたよらずに自分自身を効果的に所有する》という教条主義こそが意図的な逸脱を必要としていたというべきだろう。《私のつくったものも、つくらなかったものも、みんなあなたにさしあげる》という本書にちりばめられた名言から知ることができるのは、主観という偶然（責任）から必死で脱出しようとする、きわめて理知的な方法の数々である。

岡崎乾二郎

アンドレ・ブルトン（一八九六～一九六六）フランスの詩人、思想家。『シュルレアリスム宣言』は、中公文庫『超現実主義宣言』（生田耕作訳／六二九円）、岩波文庫『シュルレアリスム宣言／溶ける魚』（巖谷国士訳／五六〇円）、現代思潮新社『シュールレアリスム宣言集』（森本和夫訳／二〇〇〇円）で入手可能。思潮社『狂気の愛』『ブルトン詩集』『シュルレアリスムとは何か』『ブルトン　シュルレアリスムを語る』『処女懐胎』、人文書院『シュルレアリスムと絵画』『秘法十七』、白水社『性に関する探究』、現代思潮新社『シュルレアリスム簡約辞典』、国文社『黒いユーモア選集』が入手可能。

ハイデッガー
存在と時間

マルクス主義－アメリカニズム－ファシズムという一九三〇年代のトライアングルの浮上を予測するかのごとく、第一次大戦後の世界にあらわれ、二〇世紀の哲学・思想に決定的な衝撃をもたらし、今なおその余韻がとどろいている本書は、人間を「人間」ではなく「現存在」と呼ぶその奇妙な語法からはじまって、きわめて難解に見えるが、通読してみると、逆に、どうしてこんなに通俗的・常識的なのかと思えもする。そりゃあ、人間は自分の死を経験できないで、しかもそのことをしょっちゅう考えているわけにもいかないから、日常性のなかに「頽落」しているだろう——云々。

だが、さらに考えてみると、この難解さと通俗性の混交がハイデッガーの魅力であり、そのナチ加担の淵源でもあるところの、今なお問題的なところではないかと思える。このいごこちの悪さこそ、本書から読み取るべきところであり、二〇世紀の思考の出発点ではないか。

絓秀実

マルティン・ハイデッガー（一八八九〜一九七六）ドイツの哲学者。『存在と時間』は岩波文庫（桑木務訳／全3巻／六六〇円・七六〇円・七〇〇円）、ちくま学芸文庫（細谷貞雄訳／全2巻／各一二〇〇円）で読める。『ヒューマニズム』について』はちくま学芸文庫、『形而上学入門』『ニーチェ』『言葉についての対話』は平凡社ライブラリー、『ツォリコーン・ゼミナール』はみすず書房で入手可能。また、『ハイデッガー全集』（全102巻）が創文社から刊行中である。

ガンジー

ガンジー自伝

メジャーな言語だけでも一八を数え、ヒンズー教、イスラム教、シーク教、ジャイナ教、キリスト教、仏教、ゾロアスター教、その他諸々の宗教の坩堝であり、さらにカースト、職業、風土、貧富の差が三重、四重に絡まり合う言語や宗教の多様性にまみれて暮らしながら、書き、考えてきた人々は、おのがうちに強烈な自我と寛容の精神を育むことになる。そもそも、一〇億もの人口を抱える多様性の帝国が、インドという一つの国の体裁を保っていること自体が、奇跡である。大英帝国も支配し切れなかったそのインドを、マハトマ・ガンジーは緩やかにまとめ、独立に導いたのである。政治的な戦略として、非暴力無抵抗主義を発明したガンジーは、南アフリカの弁護士として、政治活動に手を染めることになる。法を唯一の拠りどころに大英帝国に向かって正義を主張する活動はやがて、インド古来の思想を現代化し、ヒンズー教の教えをより普遍化する運動へと発展してゆく。大衆の信仰心と政治運動の巧みな融和を図り、民衆の生活に根ざした説得を通じ、またストライキや断食を非暴力の闘争の手段として用い、大規模な反英運動を展開した。

ガンジーの教えは日本の平和憲法の原理と共鳴する。

島田雅彦

M・K・ガンジー（一八六九〜一九四八）インドの政治指導者、思想家。『ガンジー自伝』は、中公文庫（蠟山芳郎訳／七六二円）で読める。他にガンジーの文明論、カディー（手紡ぎ・手織りの綿布）の経済学、チャルカ（手紡ぎ車）の思想などを書いた『ガンジー・自立の思想』が地湧社から出ている。

ベンヤミン
複製技術時代における芸術作品

写真など複製技術の誕生によって、芸術作品から「アウラ」が消滅したと宣言したということで名高いこの批評的エッセイは、しかし、そう簡単にまとめきれない錯綜した展開をなしている。そもそも、アウラは複製技術によって完全に消滅したのか？　アウラのない芸術など可能なのか？　また、芸術は完全に消滅できるのか？　ベンヤミンはアウラの消滅をことほいでいるのか？　それとも惜しんでいるのか？　等々。そのことは、本稿が畏友ブレヒトの影響下、「政治の美学化」としてのファシズムに抗するに、「芸術の政治化」をもって対置したところにもかかわり、しばしばいわれるように、ベンヤミンにおけるユダヤ主義とマルクス主義の奇妙な結合といった問題にもつながる。

今日、ベンヤミンはカルチュラル・スタディーズの元祖としてますます脚光をあびつつあるが、そんなヤワな存在でありえないところに、ベンヤミンの真骨頂がある。

絓秀実

ヴァルター・ベンヤミン（一八九二〜一九四〇）現代ドイツの文学者、哲学者、社会科学者。「複製技術時代における芸術作品」は、晶文社『複製技術時代の芸術』（佐々木基一訳／一九〇〇円）、岩波文庫『ボードレール他五篇』（野村修訳／六六〇円）に収録されている。『暴力批判論他十篇』は岩波文庫、『ドイツ・ロマン主義における芸術批評の概念』『ドイツ悲劇の根源』『図説写真小史』はちくま学芸文庫、『ベンヤミン―アドルノ往復書簡一九二八―一九四〇』『教育としての遊び』『陶酔論』『子どものための文化史』『ドイツの人びと』『モスクワの冬』は晶文社、『ドイツ悲哀劇の根源』は講談社文芸文庫、『パサージュ論』は岩波書店で入手可能。また『ベンヤミン・コレクション』（全3巻）がちくま学芸文庫、『ヴァルター・ベンヤミン著作集』（全15巻）が晶文社から出ている。

ポランニー
大転換
市場社会の形成と崩壊

アダム・スミスの古典派経済学以来、経済学はつねに市場を対象としてきた。マルクス（主義）経済学もその例に漏れない。しかし、果たして市場社会は真に経済の唯一の対象なのか。それはむしろ、経済活動における「癌」のようなものではないのか。このように問うたところに、ポランニーの「コロンブスの卵」ともいうべき「大転換」があり、経済人類学が創始された。

六八年革命においてはいまだにマルクス経済学がその理論的バックグラウンドをなしていたが、その「挫折」は、それまでの市場経済中心的な経済学への反省を生み、ポランニーが創始した経済人類学への注目を喚起したといえる。それは、六八年が提起したエコロジー運動をはじめとする様々な反市場経済的対抗運動の有力な参照先ともなった。

絓秀実

カール・ポランニー（一八八六～一九六四）経済人類学の創始者の一人。『大転換』は、東洋経済新報社（吉沢英成訳／三二〇〇円）で読める。『経済の文明史』が日本経済新聞社、『人間の経済』が岩波書店から出ていたが、現在入手不可。

アドルノ＆ホルクハイマー

啓蒙の弁証法

哲学的断想

ナチスをのがれアメリカに亡命した、フランクフルト学派を代表する二人のユダヤ人社会学者＝哲学者が、ヨーロッパ近代のおちいった「野蛮」の起源を、ホメロス『オデュッセイア』の高名な、一エピソードに求め、啓蒙的理性のギリシア的端緒においてすでに、ナチに、そしてアメリカニズムに帰結するそれが懐胎していたと論ずる巻頭論文は、あまりにも有名。この学派の記念碑的著作である。

しかしでは、著者たちが、当時の多くの左派同様、ソヴィエト・マルクス主義に対してオプティミスティックな希望を抱いていたかというと、そうではない。彼らの先達ルカーチは、すでに『歴史と階級意識』の自己批判をモスクワから強いられていた。脱出不可能な一九三〇年代の閉域を苦渋に満ちて生きるその身振りは、のちに『否定弁証法』（アドルノ）として結実するだろう。

絓秀実

テオドール・W・アドルノ（一九〇三〜一九六九）現代ドイツの代表的思想家。ホルクハイマーとの共著『啓蒙の弁証法』は、岩波書店『啓蒙の弁証法―哲学的断想』（徳永恂訳／二五〇〇円）で読める。また『否定弁証法』は作品社から出ている。他にみすず書房『キルケゴール―美的なものの構築』、法政大学出版局『ミニマ・モラリア』『認識論のメタクリティーク』『マーラー』『アルバン・ベルク』、平凡社ライブラリー『音楽社会学序説』『不協和音―管理社会における音楽』、未来社『本来性という隠語』、作品社『社会学講義』『ベートーヴェン―音楽の哲学』、ちくま学芸文庫『プリズメン―文化批判と社会』河出書房新社『ヴァルター・ベンヤミン』などが入手可能。

アレント
全体主義の起原

たとえば「社会」とか「国民国家」とか「帝国主義」とか「民主主義」とかいった言葉は、私たちがいろいろとものを考えるのに欠かすことのできない概念であるが、その概念の内容となると、けっこう曖昧だったりして、議論の場では、すれ違いや紛糾の原因になりがちである。西欧の文化伝統のなかで鍛えられてきた諸概念を、日本語は翻訳の形で取り込んだ。日本の近代も一〇〇年を超えて、これら抽象概念は独自の内容と重みを獲得するようになった、といいたいのだけれど、そのあたり、どうも心許ないのが現状だ。

とにかく一度は、議論の混乱を避けるためにも、西欧の歴史の文脈のなかで言葉を吟味しておくことが必要だろう。そういう点からして、西欧の現代史を扱って本書以上に明快かつ奥行きのある論述は少ない。翻訳もよいので絶対に読むべきだ。他に、『人間の条件』もいいけれど、『過去と未来の間』が刺激的だと思う。

奥泉光

ハンナ・アレント（一九〇六～一九七五）政治思想家。ドイツ生れのユダヤ人女性。『全体主義の起原』はみすず書房（大島通義、大島かおり／全3巻／Ⅰ巻四五〇〇円、2巻3巻四八〇〇円）が新装版で出ている。『人間の条件』『過去と未来の間』もちくま学芸文庫で読める。他に『革命について』（ちくま学芸文庫）、『イェルサレムのアイヒマン』（みすず書房）、『暗い時代の人々』（河出書房新社）、『ラーヘル・ファルンハーゲン―あるドイツ・ユダヤ女性の生涯』（未来社）が入手可能。

ウィトゲンシュタイン

哲学探究

ウィトゲンシュタインはウィーンからイギリスに渡った人である。そのため、もっぱら英米の哲学的伝統のなかで見られている。しかし、彼の才能をただちに見抜いたラッセルは、にもかかわらず、彼が何を考えているのかついにわからなかった。ウィトゲンシュタインを仰ぐのちの分析哲学者も、彼が「言語論的」に自己と世界を見る視点を開いたことを評価している。しかし、それではウィトゲンシュタインが半分もわからない。そして、わからない場合は、ウィトゲンシュタインを奇人として神話化するのである。しかし、彼がアングロサクソン的世界とは異質な文化的風土に育ってきたことを見るならば、たとえば、カントの「批判」の延長線上において読むならば、彼の仕事をよく理解できるはずだ。《語りえないものについては沈黙しなければならない》(『論理哲学論考』)という彼の言葉がよく引用される。しかし、ここに、なんら神秘的な要素はない。それは次のようなカントの意志を受け継いでいるのだ。《私は、信仰を容れる場所を得るために知識を除かねばならなかった》(カント『純粋理性批判』)。この点で、後期のウィトゲンシュタインが変わったわけではない。「言語ゲーム」という考えをもたらした『哲学探究』は「言語論的」というよりも、「倫理学的」である。

柄谷行人

ルートウィヒ・ウィトゲンシュタイン(一八八九〜一九五一)分析哲学の形成と展開に大きな影響を与えた哲学者。『哲学探求』は大修館書店『ウィトゲンシュタイン全集8』(藤本隆志訳/四五〇〇円)に収録されている。他に『論理哲学論考』(中公クラシックス)、『青色本』(産業図書)、『色彩について』(新書館)が入手可能。また『ウィトゲンシュタイン・セレクション』は平凡社ライブラリー、『ウイトゲンシュタイン全集』(全10巻補遺2)は大修館書店から出ている。

レヴィ=ストロース
野生の思考

「未開人」にまつわる西欧社会の偏見と優越感を決定的に打ち砕いた衝撃的書物。「未開人」の「神話的思考」と、西欧人の「科学的思考」。前者は決して、後者とはまったく異質かつ劣ったものなのではなく、両者が（植物の「野生」種と「栽培」種のように）同時に、人間の思考様式を現に構成している二種のタイプに他ならぬこと。この事実を、主としてトーテミズムの分析をとおして白日の下に晒した本書は、一方で、西欧社会の自己批判の端緒を担うと同時に、その分析手法の斬新さにおいて、構造主義ブームの発火点となった。とりわけ、最終章のサルトル批判は、戦後フランス思想の一大転換点を刻む歴史的な臨場感にみちている。これを読まずに「構造主義はもう古い」などといった軽口を叩く者は、ただのミーハーである。パリの哲学者がブラジルの民族学者へと変貌する過程を綴った半自伝『悲しき熱帯』も必読、併せ読めば感銘の度合い二乗。

渡部直己

クロード・レヴィ=ストロース（一九〇八〜）フランスの人類学者。『野生の思考』はみすず書房（大橋保夫訳／四八〇〇円）から出ている。『悲しき熱帯』は中公クラシックス、講談社学術文庫（『悲しき南回帰線』）で読める。『神話と意味』『今日のトーテミズム』『やきもち焼きの土器つくり』『ブラジルへの郷愁』『遠近の回想』『はるかなる視線』『人種と歴史』はみすず書房、『アスディワル武勲詩』は青土社、『親族の基本構造』は青弓社、『サンタクロースの秘密』はせりか書房で手に入る。

マクルーハン

グーテンベルグの銀河系

活字人間の形成

メディアの変換は社会の組成のみならず、個々の人間そのものまでをも変容させる。すなわち精神は内容ではなく、メディアによって形づくられた容器である。マクルーハンのこの考えは数あるメディア論のいまだ基本となっている。たとえば、かつての活字印刷の普及同様、ラジオやTV、インターネットは、人間の形態とコンテンツの変更をおこなう。そう仮定しなければメディア論は成立しない。確かに社会の配置（この本でいう銀河系《ギャラクシー》）は変容しつつある。しかし、それを分析しえた有効なメディア論は未だない。当のマクルーハンにしてもTVなどの非活字メディアへの彼の予測は変更を余儀なくされている。有効なのは相変わらず、活字印刷に対するこの本の以下のような分析である。──《活字を用いた印刷は思いもおよばぬ新環境を作りだした。それは「読書界」（パブリック）を創造したのである。それまでの写本技術は国民的規模で「読書界」を生みだすのに必要な強烈な拡張力を欠いていた。われわれがここ数世紀の間、「国民」（ネーション）の名で呼んできたものはグーテンベルグの印刷技術が出現する以前に生じたこともなかったし、また発生する可能性もなかったのである》。

岡崎乾二郎

マーシャル・マクルーハン（一九一一～一九八〇）カナダの英文学者、文明批評家。『グーテンベルグの銀河系―活字人間の形成』はみすず書房（森常治訳／七五〇〇円）から出ている。『メディア論―人間の拡張の諸相』（みすず書房）、『メディアはマッサージである』（河出書房新社）も入手可能。

フーコー
言葉と物
人文科学の考古学

この世にはたぶん二種類の書物がある。読む前の自分を心地よく追認してくれる書物と、それを読み終えた後一、二ヵ月は人心地がせず、気づいてみると生活の傾向やあたりの風物、果ては物の味まで一変してしまう書物。本書は後者の最たるもののひとつだろう。少なくともわたしにとってはそうだった。むろん、書物のすべてを理解できたわけではない。今だって誤解している部分のほうが多いかもしれない。だが、世界と知の出会い方の「二つの大きな不連続」と、その切断面にかんする精緻で具体的な記述を魘されたように辿り果てた末に、たかだかここ二〇〇年ほど前の「発明」にすぎぬ「人間」は、やがて「波打ちぎわの砂の表情のように消滅するだろう」という結語に出会った一瞬の衝撃。六八年革命に庶幾された「解放」の同義語としてあったその衝撃のリアリティは、理解の正誤をこえて今に「消滅」しがたい。

それが作られたものなら、変えられる！

渡部直己

ミシェル・フーコー（一九二八～一九八四）フランスの哲学者。『言葉と物』は新潮社（渡辺一民、佐々木明訳／四五〇〇円）から出ている。『狂気の歴史』『監獄の誕生』『性の歴史』は新潮社、『知の考古学』『言語表現の秩序』『ピエール・リヴィエールの犯罪』は河出書房新社、『精神疾患と心理学』『臨床医学の誕生』はみすず書房、『精神疾患とパーソナリティ』はちくま学芸文庫、『レーモン・ルーセル』は法政大学出版局、『自己のテクノロジー』は岩波書店で入手可能。また、『ミシェル・フーコー思考集成』（全10巻）が筑摩書房から出ている。

デリダ

グラマトロジーについて

根源の彼方に

一九六七年に刊行された『グラマトロジーについて』『エクリチュールと差異』『声と現象』はジャック・デリダを一躍有名にした。デリダはそこで音声中心主義を批判し、新しい文字学《グラマトロジー》を提起している。音声はダメで、文字ならいい？ そういう単純な二項対立の問題ではない。話しながら（声に出さない内言でもいい）自分が話すのを聞くこと、そこで自分と自分がぴったり重なり合うことこそが、主体の形而上学の基礎をなしている。だが、初めて自分の声の録音を聞いたとき、人はそこに異様なズレを感じないだろうか。さらに、内的思考が文字という外的媒体に定着されて散種されてゆくとき、そのようなズレはとめどなく広がってゆくだろう——というか、そもそも「内的思考」そのものにそのようなズレが内在していたというべきなのだ。そのようなズレ——「差延」（差異／遅延）によって形而上学の総体を揺るがせること。こうして開始された「脱構築」に終わりはない。

浅田彰

ジャック・デリダ（一九三〇〜）フランスの哲学者。『グラマトロジーについて―根源の彼方に』は現代思潮新社（足立和浩訳／全2巻／各三八〇〇円）から出ている。『エクリチュールと差異』『絵画における真理』『ユリシーズ・グラモフォン』『法の力』は法政大学出版局、『シボレート―パウル・ツェランのために』『たった一つの、私のものではない言葉』は岩波書店、『基底材を猛り狂わせる』『盲者の記憶』『他の岬―ヨーロッパと民主主義』はみすず書房、『パッション』『滞留』は未来社、『アポリア』は人文書院、『ポジシオン』は青土社、『歓待について』は産業図書、『言葉にのって』はちくま学芸文庫で入手可能。

ドゥルーズ&ガタリ
アンチ・オイディプス

『ポストモダンの条件』（一九七九年）のリオタールはマルクス主義のような「大きな物語」の失効をもってポストモダンの定義とした。この定義からすれば、ドゥルーズ&ガタリの『アンチ・オイディプス』（一九七二年）ほどポストモダンから遠い書物もないだろう。そこでは、マルクスとニーチェやフロイトとが掛け合わされ、物質と欲望とがつき混ぜられて、マルクス的な唯物史観の物語がさらに巨大な物語——人類史を貫く抑圧と解放の物語へと膨らまされているのだ。この巨大な物語によって開かれた地平においてはじめて、多様なテーマによる自由なヴァリエーションが可能になる。それを展開した『千のプラトー』（一九八〇年）は、ドゥルーズ&ガタリによるポストモダン時代（彼らは決してこの言葉を使わなかったが）へのレスポンスだったといえるだろう。孤高の哲学者と社会派の（反）精神医学者のコンビが一九六八年の断層から生み出した歴史的な二冊である。

浅田彰

ジル・ドゥルーズ（一九二五〜一九九五）フランスの哲学者。ガタリとの共著『アンチ・オイディプス』（市倉宏祐訳／五四〇〇円）『千のプラトー』『哲学とは何か』は河出書房新社から、『カフカ』は法政大学出版局から出ている。『経験論と主体性』『差異と反復』『フーコー』『襞—ライプニッツとバロック』『記号と事件』は河出書房新社、『マゾッホとサド』は晶文社、『ヒュームについて』は青土社、『カントの批判哲学』『プルーストとシーニュ』『ベルクソンの哲学』『意味の論理学』は法政大学出版局、『スピノザ—実践の哲学』は平凡社、『消尽したもの』は白水社、『ニーチェと哲学』は国文社で入手可能。

ラカン

精神分析の四つの基本概念

ラカンを知らずして、たとえば『アンチ・オイディプス』を読もうとしても、無理がともなう。ところで、ラカンといえば『エクリ』ということになるが、この邦訳が読んでもほとんどチンプンカンプンなしろものであることには定評がある。まあ、ラカン自身、本書の「後記」で『エクリ』は「読まれないためにつくられた」などとジョークをとばしているのだから、それもいたしかたあるまいか。

本書は、すでに幾冊かある『セミネール』からの邦訳のうちでも、「対象a」「シニフィアン」「他者」「主体」「疎外」「転移」「欲動」といった、ラカンが独特に用いる基本概念についてのベーシックな講義で、それなりに明快である。「本書は読まれることになるだろう」(ラカン)。難解なところは、ジシェクやその他のラカン入門を読んで補うほかはあるまいが、奇妙なことに、入門書は概して簡単。

絓秀実

ジャック・ラカン(一九〇一〜一九八一)フランスの精神分析学者。『精神分析の四つの基本概念』は、岩波書店(小出浩之他訳／五〇〇〇円)で読める。他に『エクリ』(弘文堂)、『テレヴィジオン』(青土社)、『フロイト理論と精神分析技法における自我』(岩波書店)が入手可能。

ウォーラーステイン

近代世界システム

一五世紀末からはじまったヨーロッパ世界経済が、今日にいたるまで、ヘゲモニー国家の変遷を経つつも、古代・中世のごとき「帝国」と化すことなく、「世界システム」として存在しつづけてきた様態を、フェルナン・ブローデル／アナール派史学の視点を採りいれながら、膨大な資料を駆使して叙述した未完の大著。

本書の根本的な視点は、或るシステムには必ず耐用年数があるという「確信」だが、それは、このライフワークの発想は、著者がコロンビア大学に在職したときに遭遇した「一九六八年の革命」のインパクトによるものと思われる。事実、六八年を理論的に検証した著者の『大学闘争の戦略と戦術』（日本評論社／品切れ）には、すでに、世界システム論の萌芽が読み取れる。その意味で、本書は単なる歴史書ではなく、他のウォーラーステインの著作と等しく、きわめてパフォーマティヴな実践の書である。

絓秀実

イマニュエル・ウォーラーステイン（一九三〇〜）アメリカの社会学者。『近代世界システム』は岩波書店（川北稔訳／全2巻／各二三〇〇円）、続編の『近代世界システム一七三〇〜一八四〇』『近代世界システム一六〇〇〜一七五〇』は名古屋大学出版会から出ている。『転移する時代』『新しい学―21世紀の脱＝社会科学』『アフター・リベラリズム』『「地中海」を読む』『ユートピスティクス』『社会科学をひらく』『「女の歴史」への誘い』『脱＝社会科学』『長期波動』は藤原書店、『史的システムとしての資本主義』は岩波書店、『階級・エスニシティの不平等、国際政治』は名古屋大学出版会で入手可能。

ケージ

ジョン・ケージ

小鳥たちのために

作曲家としてのジョン・ケージが大きな影響を与えつづけてきた理由も、同時に敬遠されてきた理由も同じく、彼が音楽の方法を徹底して倫理の問題として追求していたことにあった。

『小鳥たちのために』はひとつの公開問答を序文とする、ケージと哲学者ダニエル・シャルルによる一〇回にわたる連続対話である。

ケージはデュシャンとともに伝統を破壊したアーティストの代表として語られるが、しかし彼らの残したインタヴューを読めば、逆さまに彼らこそ、日常的な現実までをも芸術的に捉える芸術至上主義者であったことがよくわかる。たとえば決して一致しえるはずのない複数の出来事が一致する――こうした奇跡的な出来事をなおかつ必然的に生起させること――ケージにとって音楽はその方法だった。

岡崎乾二郎

ジョン・ケージ(一九一二～一九九二)アメリカの作曲家。『ジョン・ケージ―小鳥たちのために』は青土社(青山マミ訳／一九〇〇円)から出ている。他に『サイレンス』(水声社)がある。

サイード

オリエンタリズム

ポストコロニアル批評に決定的な影響を与えた本書のいうところを一言でまとめれば、「オリエント（東洋）は存在しない」ということに尽きる。オリエントなるものは、オクシデント（西洋）が自らを主体として確立すべく、その他者を表象＝支配《マスター》するために捏造されたイメージである、ということである。そのときたとえば、オリエントは「男」たる西洋に対する「女」として表象されることになろう。「オリエントは存在しない」というテーゼは、ラカンの高名なテーゼ「女は存在しない」の一ヴァリエーションということになる（ジジェク『斜めから見る』参照）。だとすれば、ラカンのもう一つのテーゼ「女は『もの』である」を敷衍して、「オリエントは『もの』である」ということは可能か。確かに、ビンラーディンは西洋にとって恐るべき「もの」《フェティシュ》であるかのようだ。

絓秀実

エドワード・サイード（一九三五〜）。アメリカ在住のパレスチナ人の思想家。『オリエンタリズム』は、平凡社ライブラリー（今沢紀子訳／全2巻／各一五五三円）で読める。『イスラム報道』『音楽のエラボレーション』『文化と帝国主義』『遠い場所の記憶―自伝』『戦争とプロパガンダ』はみすず書房、『知識人とは何か』は平凡社、『パレスチナへ帰る』は作品社、『ペンと剣』はクレイン、『始まりの現象』『世界・テキスト・批評家』は法政大学出版局で入手可能。

ベイトソン

精神と自然

生きた世界の認識論

知の巨人。グレゴリー・ベイトソンは確かに一九〇センチをこえる大男ではあったが、彼の著したものほど、知の巨人というイメージとほど遠いものはない。文化人類学、精神分析、動物行動学、サイバネティックスという領域の囲いを軽々と飛び越えていった彼の知性に見出されるのはむしろ頭脳の運動神経でこそあって、該博膨大な知識ではない。その知を貫ぬくのは徹底した知識批判である。

たとえば「考えるは動詞である」という文を考えてみよう。この文の中の「考える」はしかし動詞ではなく名詞である（主語であるゆえに）。こうして動詞やら名詞などの品詞が、コトバの固定した属性としてあるわけでないように、知識は固定したオブジェではなく、それが組み込まれるパターンのなかでたえず変化していく。死んだ知識を所蔵するよりも、こうした変化を乗り超えていく運動神経こそを会得しなければならない。そこではじめて、君はサーフィンするように考えるれ（これは動詞である）。世界はいかに編成されていくのか。本当の頭のよさは、いつでもユーモアに溢れている。

岡崎乾二郎

グレゴリー・ベイトソン（一九〇四〜一九八〇）文化人類学者。『精神と自然――生きた世界の認識論』は新思索社（佐藤良明訳／三〇〇〇円）で読める。他に新思索社『精神のコミュニケーション』『精神の生態学』、国文社『バリ島人の性格――写真による分析』などが入手可能。

アンダーソン

想像の共同体

ナショナリズムの起源と流行

近代国民国家＝ナショナリズムは出版資本主義と小説（言文一致運動＝俗語革命）がつくったという、スキャンダラスといえばスキャンダラス、コロンブスの卵といえばコロンブスの卵めいた本書がもたらした衝撃は、はかりしれないものがあった。以後、本書を抜きにしては、いかなる意味でも「近代」について語りえないが、もちろん、著者のあざやかな切り口に対して、眉に唾をつけてみることも必要だろう。『ドン・キホーテ』以来の小説が、それほどぴったりと「近代」に同調するものかどうかは、疑問だからだ。

しかしともかく、ひとはなぜ「祖国のために死ぬ」のかという疑問から出発した本書の記述は、多くの先進国国民が祖国のために死ぬことなど馬鹿馬鹿しいと、主観的には思いはじめた時代になって、さらに問題提起的である。そういいながら、ナショナリズムが終焉する気配は、いまだないからだ。

絓秀実

ベネディクト・アンダーソン（一九三六〜）政治学・アジア研究の学者。『想像の共同体―ナショナリズムの起源と流行』はＮＴＴ出版（白石さや、白石隆訳／二三〇〇円）から出ている。他に『言葉と権力―インドネシアの政治文化探求』（日本エディタースクール出版部）がある。

本居宣長

玉勝間

宣長は「漢意」（からごころ）を批判し、「大和心」を称えた。しかし、これは必ずしも中国や日本のことではない。漢意とは、現実の生活や感情から遊離した抽象的な概念や道徳をふりまわすことだ。なぜそれが「漢意」と呼ばれるかというと、日本では、仏教にせよ儒教にせよ、高度な思想はすべて大陸から来て、漢字で表現されているからである。別の地域、たとえば、ドイツではどうであったか。ドイツでも、感情や生活に関してはゲルマン語でやれたが、哲学や諸制度はすべてラテン語の翻訳であった。これに対する反撥が全面的に出てくるのは、一八世紀後半のロマン派においてである。また、ギリシア・ローマ以来の哲学の伝統においては、知・情・意のうちで、知と意（認識と道徳）が優位におかれ、感情は低く見られてきた。ロマン派はそのような位階を転倒しようとしたのである。そして、そこに、ドイツ語文学、そして、それを通してドイツ民族が形成されていった。そうやってみれば、同じ一八世紀後半に宣長が、それまで軽視されてきた感情（もののあはれ）に、哲学や道徳を超える何かを見いだそうとしたことが、ドイツ・ロマン派と同様に、ナショナリズムの基盤をつくったということが理解できるはずである。

柄谷行人

本居宣長（一七三〇～一八〇一）江戸中期の国学者。『玉勝間』は、筑摩書房『本居宣長全集１』（七七六七円）に収録されている。岩波文庫版は現在品切れ。『宇比山踏』『菅笠日記』は和泉書院、『本居宣長集』は新潮社、『本居宣長全集』（全20巻別巻3）は筑摩書房より出ている。

上田秋成

胆大小心録

源氏の紫式部は地獄に堕ちたというが、拙本程度なら、その迫真力からいって、書いた当人も読者もそこまで酷い目には遭うまい。と、序文に謙遜しながらそのじつ無類の迫力をたたえる『雨月物語』も、むろん捨てがたい。だが、今日になおヴィヴィッドな文章を近代以前から拾うとすれば、断固、秋成最晩年のこの随筆集に就きたい。たとえば、宣長（彼は彼で偉大だが）との名高い応酬の余蘊をとどめて、「田舎者」が何ほざく、「高天原」が世界の源なぞ「よその国には承知すまじき事也」と記すに加え、「やまとだましい」だと、けっ、「どこの国でも其の国のたましいが国の臭気也」と書き刺すくだりの爽快さ。この調子で世相人事百般にわたる遠慮会釈なき批評性に、ときおり柔和で細やかな風物スケッチの混じる一本。鎖国時代の大西巨人ともいうべき傑物の文章は、しかも、古文嫌いにも読みやすい言葉で書かれている。文字どおり有り難い遺品である。

渡部直己

上田秋成（一七三四～一八〇九）江戸中期の小説家、歌人、茶人、国学者、俳人。『胆大小心録』は岩波文庫（二五〇円）、岩波書店『日本古典文学系56上田秋成集』、中央公論新社『上田秋成全集9』（八五四四円）に収録されているが、現在いずれも品切れ。『雨月物語』はちくま学芸文庫、講談社学術文庫などで手に入る。また『上田秋成全集』（全13巻別巻一）が中央公論から出ているが、一部入手可能。

内村鑑三

余は如何にして基督信徒となりし乎

内村鑑三は自分のことを「武士的キリスト教徒」と呼んでいる。それにはこういう背景がある。一般に、封建体制の崩壊において、武士は忠誠の対象である主君(ロード)をうしなった。国家や民族というような観念では、その代わりにならない。だから、天皇という新たな主君がその代わりになった。しかし、明治国家のなかで、それでは満たされない人たちがいた。内村のような、旧徳川幕府陣営の武士である。彼らは天皇よりも高い、絶対的な主(ロード)を求めた。明治期のキリスト教徒に旧佐幕派の武士が多いのは、そのためである。なかでも、内村が「主への忠誠」において徹底していた。彼が天皇への「不敬」のかどで教職を追われたとしても驚くに値しない。さらに、内村は、キリスト教徒になると、西洋の宣教師に従属しなければならないことを嫌った。この気位の高い旧武士は、キリスト教徒でありつつ、西洋人に従属しなくてもいいような方法を編み出した。それが「無教会主義」である。これは確かに日本にしかない。「武士的キリスト教」が日本にしかないように。

柄谷行人

内村鑑三(一八六一〜一九三〇)日本のキリスト教界を代表する一人。無教会主義の創始者。『余は如何にして基督信徒となりし乎』は岩波文庫(六〇〇円)で読める。『基督信徒のなぐさめ』『代表的日本人』『後世への最大遺物・デンマルク国の話』は岩波文庫、『キリスト教問答』は講談社学術文庫、『一日一生』は教文館、『勝利の生涯—内村鑑三評論集』は山本書店で入手可能。『内村鑑三全集』(全40巻セット限定版)が岩波書店から出ている。

岡倉天心

東洋の理想

《アジアは一つである》という有名な書き出しは、それにつづく、ヒマラヤ山脈で分断された中国とインドという二つの起源が提示されることではじめて言挙げとしての有効性を持つ。すなわち決してアジアは一つではない。現実のアジアの地理政治的な分裂をあえて一つと天心が言挙げする契機は、もちろん西洋の脅威にあった。アジアの文化的優位を訴えるために天心は当時アメリカで、この書物を英語で著したのである。そして中国とインドの二つの源泉を結びつけ再生させるのは島国である日本(ちょうどヨーロッパに対するアメリカ同様に)の役割だと。《内からの勝利か、それとも外からの強大な死か》という決めの脅しはアジアの内に向けて《目覚めよ》とアジっている。文化を武力以上の戦略として自覚的に用いた先駆的な書物だが、基本は欧米向き東洋美術の入門書。

岡崎乾二郎

岡倉天心(一八六二〜一九一三)明治期の美術指導者。『東洋の理想』は講談社学術文庫(七二〇円)、東洋文庫(一六〇〇円)で読める。『茶の本』は講談社学術文庫や淡交社、『日本美術史』は平凡社ライブラリーで入手可能。

西田幾多郎

西田幾多郎哲学論集 I・II・III

明治期末に『善の研究』をあらわして、一躍西田は、日本の哲学の水準を押し上げた。その後、京都帝大に職を得た西田の門下からは多くの俊秀が巣立ったが、西欧哲学が「有（ザイン）」に定位するのに対して、「絶対無」に定位するその哲学は、東洋的形而上学を名のるとしても、単に「東洋的」というばかりでなく、いまだ無視しえない思考の宝庫である。それは、西欧の「主語的論理」に対する「述語的論理」というふうに、とりあえずまとめられよう。

西田は、その没後も、戦後主体性論的マルクス主義から精神病理学の領域にいたるまで、日本の思想・哲学に多大な影響を与え続けているが、その最も生産的な摂取に、ハイデッガーと西田哲学を付き合わせたところに成立した、木村敏の分裂病への現存在分析（『分裂病の現象学』等）があげられる。

絓秀実

西田幾多郎（一八七〇〜一九四五）近代日本の代表的哲学者。『西田幾多郎哲学論集』は、岩波文庫（全3巻／七六〇円・八〇〇円・八〇〇円）から出ている。『善の研究』『思索と体験』『続思索と体験／「続思索と体験」以後』『場所・私と汝—他六篇』『西田幾多郎随筆集』は岩波文庫、『哲学概論』は岩波書店、『西田幾多郎哲学講演集』『寸心日記』『西田幾多郎遺墨集』は灯影舎で入手可能。

九鬼周造
「いき」の構造

一九二〇年代のパリ、哲学界の若き俊英としてハイデッカーやベルグソンに認められた留学生時代に書かれ、帰国後発表された論文。かりに、彼の地で得意のフランス語なりドイツ語で発表する機会を得ていたら、あるいは岡倉天心『東洋の理想』に勝るとも劣らぬ評判を博したかもしれぬ名著である。柳田國男「木綿以前の事」がすでにアナール派歴史学の着想を先取りしていたとすれば、同じ江戸時代に定着した美意識の解析を試みた本書は、表題どおり、構造主義的な発想の先駆的日本版といえるか。わけても、「さび」「雅」「味」「乙」といった美意識を、直六面体の各頂点に配分された対立要素間（〈意地／野暮〉〈地味／派手〉〈上品／下品〉等）の各種結合体として説くくだりなどは、模範的な分析に類する。ただし、だから凄いというより、むしろ、にもかかわらず出色の書である点を（柳田の場合と同様）有為の読者はよろしく感得されたし。

渡部直己

九鬼周造（一八八八～一九四一）哲学者。『「いき」の構造』は岩波文庫（五〇〇円）で読める。また『九鬼周造全集』が岩波書店から出ていたが、現在は入手不可。

和辻哲郎

風土

昭和三年にドイツから帰国した和辻は後に『風土』としてまとめられる一連の講演をおこなう。《我々は具体的な人間の存在の仕方を、すなわちその特殊性における存在を、把捉するために、存在的な認識、すなわち歴史的・風土的な現象の直接的な理解に向かわなければならぬ》という序言に明白なように、本書は日本が世界から孤立しつつあった一九三〇年という時代を確実に刻印している。すなわち世界は均質ではなく同じ進化の道を辿るわけでもない。個々の民族の文化的な差異=特殊をそのまま普遍として語ること。いわゆる「異文化の共生」?　しかし当時、和辻が想定していた論敵はヘーゲル-マルクス流の歴史段階説だった。その意味でも戦後に書かれた論争的な第五章は必読である。そこで和辻はマルクスの仮想上の同意まで援用し、国民文化の差異が自然基底に規定されるとひたすら主張するが、一方でこの『風土』的な規定を構造として定位したとたん、スウェーデンの国家主義者チェルレンの唱えた国土学（Geopolitik）のように植民政策に展開してしまう可能性にも気づいている。それを回避する道を提示しえないまま、和辻は新たな倫理学の必要を示唆するだけで本書を終える。今日興隆するエコロジーにもまた、ナショナリズムへと容易に反転してしまう危険は潜んでいる。こうしたクリティカルな一点をも本書は示している。

岡崎乾二郎

和辻哲郎（一八八九〜一九六〇）哲学者。『風土』は岩波文庫（六六〇円）で読める。『葉隠』『正法眼蔵随聞記』『古寺巡礼』『日本精神史研究』『イタリア古寺巡礼』『孔子』も岩波文庫で入手可能。『人間の学としての倫理学』は岩波書店、『沙門道元—教行信証の哲学』は隆文館から出ている。また『和辻哲郎全集』が岩波書店から出ているが、現在は入手不可。

柳田國男

木綿以前の事

柳田國男といえば何を措いても『遠野物語』に指を屈するのが一般だが、その着眼の斬新さ、視界の幅広さ深さ柔軟さという点では、むしろこの一編のほうが上だとおもう。江戸初期に普及した綿花の栽培と織物が、日本人の生活風土や心身に与えた決定的な影響の数々を淡々と語り、付けて瀬戸物と薩摩芋の功徳にいたる。ほんの小品ながら、読むほどに、この人じつは筋金入りの唯物論者ではないか、といった錯覚に駆られる名作。数百年にわたる歴史の変化を、文字どおり目にみえ素肌に接する近さで感得せしめて間断するところを知らぬ筆致の妙は、近年はやりのポスコロ・カルスタ批評のドグマティックな些末主義を矯めて余りあるだろう。殊に、外国文献は皆スゴイと盲信しがちな知恵熱（という名の功名志向）系学生は必読。

渡部直己

柳田國男（一八七五〜一九六二）「木綿以前の事」は岩波文庫（六六〇円）、筑摩書房『柳田國男全集9』（七二〇〇円）で読める。『遠野物語・山の人生』『海上の道』は岩波文庫、『日本の昔話』『日本の伝説』『毎日の言葉』は新潮文庫、『山島民譚集』は東洋文庫、『妖怪談義』『明治大正史〈世相篇〉』『年中行事覚書』は講談社学術文庫で、入手可能。また『柳田國男全集』（全36巻別巻2）は筑摩書房から出ていて、文庫版もちくま文庫に入っているが、後者は現在一部のみ入手可能。

時枝誠記

国語学原論

『国語学原論』――この本を日本語特有の構造を説く日本語論として読んでしまえば、この本の潜在的な可能性はほとんど失われてしまう。時枝はなによりもソシュールの言語学に対抗するためにこの本を書いたのであり、彼の抱いたソシュール観が誤読に満ちていたことがのちに明らかになったとしても――それゆえに時枝の言語論こそがソシュールの言語学に隠されていた可能性を改めて見出させる契機となったともいえる。すなわち文法は決してリジットで固定したものではない。それは使い手によって、いくらでも変容していく。ここには造形芸術にも通じる言語形態（ゲシュタルト）論がある。ゆえに、この本の読み手は、日本語の特質とここでされている構造を他の言語へも適用し、さらに非言語的な他ジャンルへも応用すべく試みてみなければならない。国語（日本語）学の中核ともいえる時枝誠記の論によってこそ、日本語は解体できる。

岡崎乾二郎

時枝誠記（一九〇〇〜一九六七）国語学者。『国語学原論』は岩波書店から出ていたが、現在入手不可。『時枝誠記・現代国語教育論集成』（明治図書出版）、『古典解釈のための日本文法』（至文堂）は入手可能。

宇野弘蔵

経済学方法論

『資本論』の原論への純化や、科学とイデオロギーの分離、原理論・段階論・現状分析のいわゆる「三段階論」などで知られる宇野経済学は、アルチュセール以後のマルクス主義の転回をはるかに先取りし、なおかつ、その「労働力商品化の無理」に資本主義の克服しえぬ矛盾を見る視点は、今日の「大恐慌型不況」下において、ますますリアリティを増している。本書は、その宇野経済学の基本を、もっとも論理的に記述した書として、ときとして晦渋な、またあるときは啓蒙的に過ぎる宇野の著作のなかで、最初に読まれるべきものだろう。

たとえば、『資本論』の冒頭・価値形態論はシニフィアンの論理のもっとも典型的な記述だといったのはラカン-ジジェクだが、宇野はそれを早くも独力で解明しているのである。宇野の真価が明らかになるのは、むしろこれからだ。

絓秀実

宇野弘蔵（一八九七〜一九七七）マルクス経済学者。『経済学方法論』は、東京大学出版会から出ていたが、現在は入手不可。『資本論五十年』（法政大学出版局）、『資本主義』（角川書店）、『資本論入門』（講談社学術文庫）、『経済政策論』（弘文堂）、『現代資本主義の原型』『価値論』『「資本論」と社会主義』（こぶし書房）は手に入る。『宇野弘蔵著作集』（岩波書店）は絶版。

ホメロス

オデュッセイア

ナショナリストも軍人もビジネスマンも、果ては観光客までもがオデュッセウスの冒険談に自分を重ね合わせる。無数の他者たちと出会い、ちっぽけな無限を発見する旅を、劇的な帰郷で締めくくろうとする。その結末のために、彼らオデュッセウスのエピゴーネンたちは、異国にあっても、慣れ親しんだ故郷の面影を旅の寝床に重ねてしまう。この英雄叙事詩には望郷の抒情詩が隠されている。携帯用の故郷イサカはあまりに美し過ぎて二〇年に及ぶ旅の記憶など色褪せる。妻ペネロペイアは年増になってもいい女だったのか？　浮浪者も同然、故郷に帰ったオデュッセウスは、愛しい妻を寝取ろうとした男たちを、大弓を引き、片っ端から串刺しにする。旅の途上ではあれほど慎重で謙虚だった男も、故郷に帰れば、なんと傲慢で身勝手な男に変わるものか。彼は世界市民になるよりは、イサカに帰って残虐な王となるほうを選んでしまった。しかも冥界の神々はその大量虐殺を称える。

私はオデュッセウスが嫌いだ。いっそ望郷の念をさっぱり忘れ、永遠に蓮の実を食い続けていたい。さもなければ、いつ帰るとも知れない夫を待ちながら、求婚者たちを優雅に退け、二〇年の退屈を耐え抜いたあのペネロペイアに己を似せたい。

島田雅彦

ホメロス（生没年不詳）古代ギリシアの詩人。『オデュッセイア』は、岩波文庫（松平千秋訳／全2巻・上七〇〇円・下六六〇円）に入っているが、現在品切れ。『イリアス』は岩波文庫で入手可能。

旧約聖書
創世記

旧約聖書は三つのメジャーな宗教、すなわち、基督教、イスラム教、ユダヤ教の聖典であると同時に、人間存在への深甚なる洞察に満ちた、魅力ある文学テクストである。成立はほぼ紀元前の中近東だが、ここには素朴な民話風物語なんてものは全然ない。あるにしても、編集のレベルで徹底的な批評性が貫徹されているのが特色だ。物語への批評性の観点からすると、高度に「小説」的であるといいうるだろう。幾人もの天才がテクストの形成にはかかわっている。したがって「聖書の物語」とかいった、書店でよく見かけるリライトものは断じて読むべきではない。これは、かのトーマス・マン『ヨセフとその兄弟』についてすら妥当するという話だから心して欲しい。ただ読むのが辛い人は注釈書を読むといい。ケンブリッジのシリーズや、ATDの註解などがいいのでは。世の中に注解書くらい面白い読み物は少ないと思う。他に「サムエル記」等の歴史書、「イザヤ書」等の預言書、「ヨブ記」を含む智恵文学など、どれも面白い。旧約聖書全体の解説書としては、並木浩一『旧約聖書における文化と人間』（教文館）が刺激的。

奥泉光

旧約聖書 「創世記」は岩波文庫（関根正雄訳／五六〇円）、日本聖書協会『聖書』（二八〇〇円）などで手に入る。

ソポクレス

オイディプス王

この子は父を殺し母と寝るだろう。そう予言されたオイディプスは、なんとかその運命を避けようと努力することでかえって予言を実現してしまう。しかも、事件後もそれに気付かなかった彼は、疫病の原因を解明しようとして、その原因が自分のおそるべき罪であることを突きとめてしまうのだ。知らずに犯してしまった罪に愕然とした彼は、自ら両の目を抉り出すだろう。自己の意識的な努力がかえって自己の解体に帰着するという逆説。その過程を起動するのが他者の声（予言）であるという不思議。おそろしいほど精密に構成されたこの古代ギリシア悲劇の最高峰には、人間という謎のすべてがあらかじめ書き込まれていたかのようだ。フロイトのように、父を殺し母と寝る欲望だけをそこから取り出してよしとするわけにはいかない。『オイディプス王』と続篇『コロノスのオイディプス』には、精神分析のみならず、精神分析の彼岸までもが、そっくり含まれているのである。

浅田彰

ソポクレス（前四九六か四九五～前四〇六）古代ギリシアの詩人。『オイディプス王』は、新潮社文庫『オイディプス王・アンティゴネ』（福田恒存訳／三六二円）、岩波文庫（藤沢令夫訳／四〇〇円）で読める。『アンティゴネ』は岩波文庫でも入手可能。

唐詩選

かえすがえすも残念なのは、我々が漢文教養を失ったことである。だって、そうだろう。もし、いま、この僕が、論語や孟子をあたりまえのように暗唱していて、史書なんかにも親しみ、おりおりには漢詩など軽くつくってみたりするような人間だったら、もっと面白い小説が書けそうな気がするじゃないですか。

もっとも、そのぶんヨーロッパ文学や思想に少しばかり親しんだわけだけれど、やはりもったいなかったと思わざるをえない。でも、むろんいまからでも遅くはないわけで、唐詩など地道に読むのも悪くないだろう。中国語をそのまま訓読するという、よく考えると実に不思議な方法も確立していることだし。

漢詩は、日本語で文章を書く人間にとって、イメージの沃野である。レトリックの宝庫である。絶対に親しんでおいて損はない。自分で作詩する域にまで達すれば、少なくとも老後の楽しみには十分だ。ギリシア語を勉強してホメロスを読むのも悪くないけれどね。奥泉光

唐詩選 中国、明代につくられた唐詩の選集。『唐詩選』は、岩波文庫（前野直彬注解／全3巻／六六〇円・七〇〇円・六〇〇円）、朝日新聞社（高木正一、吉川幸次郎他注解／全3巻／上中各一七四八円・下二〇三九円）などで入手可能。

ハイヤーム
ルバイヤート

一一世紀後半から一二世紀初頭のペルシア。セルジュク・トルコ帝国下の騒乱のなかで、数学、天文学、医学、語学、歴史、哲学に名を馳せた人物。訳者・小川亮作の言を借りれば「ペルシアのレオナルド・ダ・ヴィンチ」が残し、一九世紀ラファエル前派の詩人たちによって発見されたこの「四行詩」集は、随所に、生地に浸透し尽くしたアラブ起源のイスラムとその教義への反撥を隠そうとしない。「もともと無理やりつれだされた」挙げ句は、何も「わかりもしないで、しぶしぶ」退場するだけの「世界なんだ」。そんな場所で、「神」がなんといおうが知らない。禁酒の戒なぞ目もくれず、「墓の中から酒の香りがたち昇るほど」呑んで、歌い踊り、恋人との享楽をせめて貪ろうではないか。そう誘う平易な詩句の数々は、野辺の花々、鳥たち、水の流れ、土くれの感触に包まれた箴言集の感がある。同じ内乱のなかでよく似た無常観を吐露するかにみえながら、『方丈記』『徒然草』とは異なり、こちらの哀感の明度が断然高いのは、一方からまた、自然科学者の唯物性が流れこんでくるためか。ともあれ、これを読まずに、ひとくちに「イスラム」などといってはならない。ましてや「文明の衝突」など、と。それじたいのうちに、かかる衝突や反撥をいくつも抱え込んではじめて、一つの「文明」が存在するのだった。

渡部直己

オマル・ハイヤーム(一〇四八〜一一三一)イランの詩人、科学者。『ルバイヤート』は岩波文庫(小川亮作訳／四〇〇円)で読める。

ダンテ

神曲

　大きな政治的理想を持った一人の詩人が、政争に巻き込まれ、フィレンツェ共和国から追放処分に合う。政治亡命者の元祖ダンテはおのが苦難の遍歴を壮大なコメディに記し、書物のなかにおのが共和国を建設する。生きながらにして彼岸に旅するダンテは一人の詩人の立場を越え、時に罪人、時に地獄に落ちる人類の象徴、時に神の啓示を受け取る預言者に自らをなぞらえた。主人公自身によって一人称過去形で語られる魂の遍歴は、様々な寓意を伴ない、おのずと神秘的な意味を帯びてきた。ダンテは『神曲』を知的階級の言語ラテン語ではなく、女、子どもの言語トスカナ語で書いた。恋人ベアトリーチェに捧げるべきこの書物は彼女の理解できる言語で書かれなければ意味はない。『神曲』は俗語で書かれたがゆえに民衆に直接、贖罪の道を示し、のちの宗教改革の下地を準備したことになる。図らずも『神曲』はダンテを追放し、教皇庁と結託したフィレンツェに対して復讐を遂げることになった。

島田雅彦

ダンテ・アリギューリ（一二六五〜一三二一）イタリアの詩人。『神曲』は、岩波文庫（山川丙三郎訳／全3巻／六〇〇円・六七〇円・七〇〇円）、河出書房新社（平川祐弘訳／三六八九円）、アルケミア（谷口江里也訳／五〇〇〇円）などで手に入る。

ラブレー
ガルガンチュアとパンタグリュエルの物語

日本においてラブレーは、渡辺一夫の翻訳・紹介によって、ルネサンス期の代表的ユマニストとしてイメージされてきた。いうまでもなく、それは「暗い中世」に対しての啓蒙的光を意味するルネサンスである。

そのようなラブレーのイメージを打破したのは、ミハイル・バフチンの大著『フランソワ・ラブレーの作品と中世ルネッサンスの民衆文化』の登場にほかならない。大食いで饒舌な巨人族たるガルガンチュアとパンタグリュエルの冒険ホラ話を、民衆的下層に根ざした「グロテスク・リアリズム」の概念によって位置づけたバフチンのこの研究は、旧来のラブレー像を一新しただけではなく、現代小説の書き手にも大きなインパクトを与えた（たとえば、大江健三郎に）。もちろん、バフチン説をあまり真に受けると、これまたホラ話めいてしまうけれど。たとえば、萩野アンナも優秀なラブレー研究者らしいが、彼女のダジャレ小説をラブレーと思ってはいけない。

絓秀実

フランソワ・ラブレー（一四八三or九四?～一五五三）フランス・ルネサンス最大の物語作家、医師。『ガルガンチュアとパンタグリュエルの物語』は5巻より成る連作。岩波文庫（渡辺一夫訳／全5巻／セット価格三九三六円）で出ていたが、現在品切れ。ただ、「第一之書ガルガンチュア」を除く「第二之書パンタグリュエル」以下の四冊は、ワイド版岩波文庫で入手可能。

シェイクスピア

ハムレット

E・レヴィナスは、「哲学とはシェイクスピアに注釈を付けることではないかと思うことがある」といっているが、似たような感想を漏らす思想家は多いようだ。マルクスも『資本論』でやたらシェイクスピアを引用しているし。だからといって、思想に無縁な人が読んじゃいかんということはない。まずは全部で三七あるシェイクスピアの戯曲世界が、魅力あるレトリックの大貯蔵庫である点を確認しよう。どうもハムレットは不愉快な男で好きになれないという健全な人でも、その台詞は聞くに値すると思うだろう。さらに進んで、妙にメランコリックなデンマークの王子に近代人を発見したりしても勝手だ。

翻訳はいろいろあるけれど、原文はほとんどが韻文であり、音楽性の再現は不可能なので、断念に立っていかなる日本語を構築するかが課題になる。ここでは、はじめて全作品を訳した坪内逍遙博士に敬意を表しておこう。けっこういういいグルーヴを出してると思うよ。

奥泉光

ウイリアム・シェイクスピア（一五六四〜一六一六）イギリスの詩人、劇作家。坪内逍遥の訳は『ザ・シェークスピア』（第三書館／四〇〇〇円）で読める。他に『ハムレット』はちくま文庫（松岡和子訳／六六〇円）、岩波文庫（野島秀勝訳／七六〇円）、白水社『ハムレット・シェイクスピア全集23』（小田島雄志訳／八三〇円）などで手に入る。『マクベス』『リア王』『ロミオとジュリエット』などの他の著作も岩波文庫、ちくま文庫、白水社などで入手可能。

セルバンテス

ドン・キホーテ

「起源の小説」（マルト・ロベール）であり「小説の起源」（同）であるところの本書には、確かに、小説なるものの全てがつまっている。郷士ドン・キホーテは騎士道物語を読みすぎた結果、自らを中世の騎士と思いなしてサンチョ・パンザとともに遍歴の旅に出るが、そこで出会うのは、騎士道物語とは似ても似つかぬ世俗的「現実」であった。

ヘーゲルは小説を「近代の市民《ブルジョワ》的叙事詩」と定義した。本書は、この定義にぴったりあてはまるが、にもかかわらず、叙事詩の壮麗さを欠いたパロディとなっている。それは、叙事詩の理念型たる『オデュッセイア』と本書を比較すればわかるだろう。『精神現象学』もまた「近代の市民《ブルジョワ》的叙事詩」であった（しかも、壮麗な）。しかし、同じ「市民的叙事詩」でありながら、それは本書といかに隔たっていることか。ヘーゲルに反対するドン・キホーテ。それが小説の特異性である。

絓秀実

ミゲル・ド・セルバンテス
（一五四七〜一六一六）スペインの作家。『ドン・キホーテ』は、ちくま文庫（会田由訳／全4巻／前編各九四〇円・後編各一〇〇〇円）、岩波文庫（牛島信明訳／全6巻／各七六〇円）で読める。他に『セルバンテス短編集』が岩波文庫で入手可能。

スウィフト

ガリヴァー旅行記

マザーグースの昔から、アイリッシュ・ジョークは断腸の笑いとでもいうべき、残酷さとナンセンスを撒き散らして来た。ジョナサン・スウィフトの名前も、アイリッシュ・ジョークの底無しの恐ろしさとともに記憶されるべきである。妊娠中絶を禁じられているアイルランド人の子どもを食糧にすれば、食糧問題と人口問題は一気に解決する、と真顔で論じたスウィフトは、裁判官としても出世した。

ガリヴァーは巨人国、小人国、不死の国、果ては日本にまで旅をしているが、多くの読者はこれをファンタジーの元祖のように見なしてきた。子どもはスウィフトが仕掛けた風刺の爆弾には触れずに、ハリー・ポッターと同じように読んでしまうだろうが、読み方によってはこの旅行記は空想の産物などではなく、現実の寓意的表現と取れる。旅人はいつだって、自分の常識が通じない異国の風物、風習をグロテスクに捉える。大航海時代の記録は皆自分の目で見てきた事柄を記しているが、どうして内容は『ガリヴァー旅行記』に似ている?

島田雅彦

ジョナサン・スウィフト（一六六七〜一七四五）イギリスの風刺作家、詩人。『ガリヴァー旅行記』は、岩波文庫（平井正穂訳／七六〇円）、中央公論新社『世界の文学セレクション6スウィフト／フィールディング』（中野好夫、朱牟田夏雄訳／一五五三円）などで読める。他には『スウィフト小品集』が山口書店から出ている。

スターン
トリストラム・シャンディ

トリストラム・シャンディなる紳士「私」が、その生まれる前から饒舌に、その世俗的な自己を延々と告白して、いかにもユーモラスであり、『告白』のルソー的ロマン主義とは対極的な、散文精神の「ノヴェル」であり、終わりなき物語でもあるところの奇書である。その意味で、これまた「起源の小説」（マルト・ロベール）であり「小説の起源」（同）である。

漱石の『吾輩は猫である』や伊藤整『得能五郎の生活と意見』『鳴海仙吉』をはじめ、アングロサクソン系の日本の作家に、スターンの影響をこうむったものは多く、日本的「私小説」と批判的に対質するに有効なモデルと見なされてきたが、その意義はいまだ十分にきわめられているとはいいがたい。私見によれば、日本の『トリストラム・シャンディ』として挙げられるべきは、むしろ中里介山の『大菩薩峠』にほかならない。

絓秀実

ロレンス・スターン（一七一三〜一七六八）イギリスの小説家。『トリストラム・シャンディ』は岩波文庫（朱牟田夏雄訳／全3巻／七〇〇円・六六〇円・六〇〇円）に入っているが、現在品切れ。『センチメンタル・ジャーニー』は岩波文庫で入手できる。

サド

悪徳の栄え

フランス大革命で名高いバスティーユの牢獄。革命勃発のほんの数日前まで、その場所で、筆尖に未曾有の悪逆非道と淫蕩の限りを尽くしていたのが、この怪物的作家にほかならない。すなわち、人がかつて地上に見たこともない大流血が出現するまさにそのとき、かつて書かれた試しのない途方もない言葉が、書かれてしまうこと。この歴史的共振性は、「人」を「人」でないものにする迫力にみちている。特に、不意の哄笑と畏怖を誘う陵辱場面の即物性と、瀆神と背徳をめぐるきわめて哲理的な演説（討論）とのバランス。そこではまるで、論理それじたいの鋭利さ性急さ直截さが、やがて犠牲者の身体をずたずたに切り刻む責め具と同じ欲動の極みに達しているではないか。と、そう看破するのはドゥルーズ（『マゾッホとサド』）だが、本書をはじめ、半生を牢獄と精神病院で送った名門貴族の手になる作品の数々は確かに、「サディズム」なる用語の気安さからだけは、限りなく遠い力に貫かれている。

渡部直己

D・A・F・ド・サド（一七四〇〜一八一四）フランスの小説家。『悪徳の栄え』は、河出文庫（澁澤龍彦訳／全2巻／各六六〇円）で読める。『ソドム百二十日』『閨房哲学』『新ジュスティーヌ』『恋の罪』『美徳の不幸』『食人国旅行記』も河出文庫で入手可能。

ゲーテ

ファウスト

全体は第一部第二部に分かれている。第一部は悪魔メフィストフェレスの魅力と、恋愛物語の筋を追うことで、けっこう読めるだろう。だが、第二部は大変だ。西欧の文学的形象の総出演の感がある。これを読みこなすには素養がいる。そもそもこうした類の本というのは、一日や二日で読もうというのが土台無理な話なのであって、まあ、一〇年二〇年かけて読んだらいいと思う。とはいえ、そんな悠長なことはできないぜ、一気呵成に読んでやる、てな、若さに任せた勢いも大切だとは思うけれど。ゲーテ本人が冒頭で、「大入り」を期待する台詞を「座長」に吐かせているくらいで、娯楽性には十分な配慮があるから安心してよい。

　とにかく、本書を生涯の友だなんて思えるようになったら、君は大変な財産を得たことになる。思うに、なにはさておき、まずは本書を生涯の友と一方的に決めてしまうのがいい。ぼくはそうした。一度決めておけば、なにしろ生涯の友なのだから、死ぬまでにゆっくり読めばいいわけだ。かりに読む前に死んでしまった場合は、棺桶に本を入れて貰ったらいい。翻訳は複数あって甲乙はつけ難い。森鷗外訳なんてのもある。

奥泉光

J・W・フォン・ゲーテ（一七四九〜一八三二）ドイツの詩人、小説家、劇作家、自然科学者、美術研究家、またワイマール公国の要職にあった政治家。森鷗外訳の『ファウスト』は『森鷗外全集11』（ちくま文庫）で読める。他に、新潮文庫（高橋義孝訳／全2巻／四七六円・六六七円）、岩波文庫（相良守峯訳／全2巻／五六〇円・七〇〇円）、集英社（池内紀訳／全2巻／二二〇〇円・二八〇〇円）、講談社（柴田翔訳／五八〇〇円）がある。『若きウェルテルの悩み』『ヴィルヘルム・マイスターの修業時代』『イタリア紀行』『詩と真実』は岩波文庫、『ゲーテ詩集』は新潮文庫で入手可能。また『ゲーテ全集』（全15巻別巻1）が潮出版社から出ている。

スタンダール

パルムの僧院

ナポレオン戦争に沸き返るオーストリア、イタリアを舞台に、大貴族の次男坊・ファブリスの天衣無縫・波瀾万丈の生涯を描いて、若き日の大岡昇平に村上浪六の任侠小説（今日なら、池波正太郎の「鬼平」か）より面白いと感嘆させたというスタンダール一代の傑作。そりゃそうだろう。第一、物語のスケールが違う。テンポが違う。君主すら手玉に取るくせに、とてもセンチで美貌の叔母や、戦場でこまめに行商する女をはじめ、脇役たちの存在感が違い、何より、主役の無責任な（生真面目な論者によれば「無垢な」）魂の強度が断然違う。死刑宣告とともにぶち込まれた高い塔の窓から、北イタリアのアルプスに沈む夕日を見つめながら、これはこれで幸せかもしれぬと感じつつ、監視役の長官の娘をたらし込んだりするその魂は、一〇〇年後の彼の地ではマルローやカミュの力作に飛び移るのだが、日本では何故か『太陽の季節』の、脱力を誘うマッチョに乗り移ってしまうことも、話がまるで違うのだった。

渡部直己

スタンダール（一七八三〜一八四二）本名アンリ・ベール。フランスの小説家。『パルムの僧院』は、新潮文庫（大岡昇平訳／全2巻／四三八円・五一四円）、岩波文庫（生島遼一訳／全2巻／五六〇円・六〇〇円）などで読める。『赤と黒』『恋愛論』も新潮文庫、岩波文庫で入手可能。『ローマ散歩』『イタリア旅日記』は新評論、『ロッシーニ伝』はみすず書房で手に入る。『スタンダール全集』が人文書院から出ているが、一部入手可能。

ゴーゴリ

外套

ドストエフスキーはかつて「我々は皆『外套』から生まれてきた」といった。ロシアの散文は、ゴーゴリ以後、民話の時代から小説の時代に入った。近代ロシア文学の黄金期――それはロシア帝国の版図拡大と重なる。プーシキンもレールモントフもトルストイもコーカサスに従軍した兵士だったし、ドストエフスキーはシベリアの流刑者だった。ゴーゴリは小ロシアとも呼ばれたウクライナから来た男だった。インテリと農民の出会い、都市と辺境の交通、ヨーロッパとアジアの交差が、ロシア語に折り込まれてゆく。

新調したばかりの外套を盗まれた下級官吏の絶望のなかに、ロシア人の無意識が顔を出す。外套を探しまわる主人公は無意識にペテルスブルグの街を測量している。そこには偉大な思想もなければ、崇高な理想もない。外套を盗まれたという現実だけが無意味に投げ出されている。その現実に押しつぶされて幽霊になった下級官吏は永遠に外套に執着し続ける。

この下級官吏を笑いながら、読者はふと気づくのである。これはオレのことだと。

島田雅彦

ニコライ・ゴーゴリ（一八〇九～五二）ロシアの小説家、劇作家。『外套』は、岩波文庫『外套・鼻』（平井肇訳／三〇〇円）、講談社学芸文庫『外套・鼻』（吉川宏人訳／一二〇〇円）、大学書林語学文庫『外套』（吉原武安訳／七〇〇円）などで読める。『隊長ブーリバ』（潮出版社）、『狂人日記／他二篇』（岩波文庫）などが入手可能。また日本図書センターから『ゴオゴリ全集』（全6巻）が出ている。

ポー

盗まれた手紙

エドガー・アラン・ポー。この名前には特別の魔力がある。私などは、その名前を目にし耳にするだけで、わくわくしてしまう。何故か。考えてみると、よくわからない。ミステリ、SF、ホラーといった人気ジャンルの元祖だというだけでは説明がつかない魅惑がある。だが、どうやらポーの作品には、或る種、麻薬のごとき成分が含まれているらしいと判明した。中毒患者は世界中に広がっているばかりか、ボードレールをはじめ、多くの作家詩人が、その麻薬成分を抽出したうえで、自分の作品に添加してきた恐るべき実態が近頃では明らかにされている。むろん極東日本も例外ではなく、谷崎、芥川といった名前をあげれば十分だろう。江戸川乱歩までいくと、中毒症状も末期的というべきだ。

中毒になっていない人は、即刻なったほうがいい。小説よりむしろ詩や詩論がすぐれているという評者も多いが、むろんそちらにも麻薬成分はたっぷり含まれている。

奥泉光

エドガー・アラン・ポー（一八〇九〜一八四九）アメリカの詩人、小説家、批評家、ジャーナリスト。「盗まれた手紙」は、中央公論新社『ポー名作集』（丸谷才一訳／五七一円）、新潮文庫『モルグ街の殺人事件』（佐々木直次郎訳／四〇〇円）、岩波文庫『黒猫・モルグ街の殺人事件／他五篇』（中野好夫訳／五六〇円）などに収録されている。『黒猫／黄金虫』『ポー詩集』は新潮文庫などで入手可能。『ポオ小説全集』（全4巻）、『ポオ詩と詩論』が創元推理文庫から出ている。

エミリー・ブロンテ
嵐が丘

三〇歳で終わる生涯、ヨークシャーの荒野から離れたことがなく、しかも一度も恋愛をしたことがない厳格な牧師の娘は、おのが想像のなかでヒースクリフという悪人をこしらえた。サドの作品の登場人物にもなれるこの男の悪行をつぶさに書き、しかもヒロイン、キャサリンには「わたしはヒースクリフよ」といわせ、一緒に過ごした少女時代から破滅に至るまでこの男なしにはいられない運命を与える。敬虔で、道徳的であるということには裏がある。「世界でもっとも孤独な人」を愛することが、キリストへの愛につながるという信仰からすれば、ヒースクリフに対するキャサリンの愛、ブロンテの悪に対する執着は説明できるかもしれない。苦悩にさいなまれ続ける限り、祝福は近い。荒涼たる嵐が丘にしがみつくこと自体が、キャサリンにとっての唯一の救済だとするならば、さらに彼女を追い詰めるヒースクリフの暴力は僥倖に転化するのだ。拾われて嵐が丘に連れてこられ、やがて共同体の破壊者にして、収奪者になるヒースクリフとキャサリンの関係は、アングロ・サクソンのヒロインとヒスパニックの男とのあいだの性的妄想がパターンになっているハーレクイン・ロマンスの原型でもある。ヒースクリフのようなよそ者に妻や娘を寝取られてしまうのではないか、という恐怖が、アメリカ人のナショナリズムの根源にあるのではないか。

島田雅彦

エミリー・ブロンテ(一八一八〜一八四八)イギリスの詩人、小説家。『嵐が丘』は、新潮文庫(田中西二郎訳/六六七円)、岩波文庫(阿部知二訳/全2巻/四六〇円・五〇〇円)、角川文庫(大和資雄訳/六六〇円)、集英社文庫(永川玲二訳/七二四円)などで手に入る。

メルヴィル
白鯨

なんとなく普通の小説だと思って頁を開くと、とんでもない目にあうかもしれない。片足のエイハブ船長が復讐の妄念に駆られ白鯨モビー・ディックを追い回す話だ、くらいは知って人は読むのだろうが、そんな筋のまとめは金輪際役に立たない。途中、鯨についての衒学的学術的解説が延々と続くわ、てっきり小説だと思っていたら、甲板上でいきなり芝居ははじまるわで、なんだ、こりゃ、と思わずいいたくなる気持ちはよくわかる。

しかし、どちらかといえば、それは君の責任だ。君が悪い。『白鯨』は悪くない。君の小説についての了見が狭いのがいけない。そもそも、どんなジャンルにも分類できないのが小説というものなのだ。一体全体なんなんだ、こりゃ、と思わず叫ばせるものこそが小説だ。むしろ『白鯨』の多層性、雑多性こそが小説の本質だとするのが、二〇世紀以降の文芸の常識である。だから『白鯨』くらい小説らしい小説は世の中にそうはないといいうるので、西欧では批評理論の試金石になっているゆえんだ。とにかく、一度好きになったら、発酵食品のように癖になること請け合いである。

奥泉光

ハーマン・メルヴィル（一八一九〜一八九一）アメリカの小説家、詩人。『白鯨』は、講談社文芸文庫（千石英世訳／全2巻／各一九〇〇円）、岩波文庫（阿部知二訳／全3巻／上下各五〇〇円・中四六〇円）などで読める。『ピエール』は国書刊行会、『イスラエル・ポッター―流浪五十年』『メルヴィル中短編集』は八潮出版社で入手可能。

フローベール
ボヴァリー夫人

この作品を熟読玩味するたびに賛嘆の思いを新たにする者のうち、そこに理筋が絡めば文芸理論家が生まれ、嫉妬が勝てば小説家が生まれる。前者にとって一編は小説技法の宝庫である（自由間接話法、三人称における話者と視点人物間の距離の伸縮、焦点移動、時間処理、細部描写の共鳴性、心内語の波及効果、等々）。後者においては、「ボヴァリー夫人は私である」という作者の言葉を、いつの日か自作について口にしうることが見果てぬ夢となるだろう。中間形態としては、批評と創作との境を逸して耽溺するリシャールのようなテマティストも生まれ、一部にはまた、その類い稀な空間表現を賛美しつつ、映画を発明したのは実はフローベールではないかという嘆息さえもれる。定義を永遠に欠くことが唯一の定義としかいいようのないジャンルにあって、思わず、いい、これが小説だと口にしたくなる名作中の名作。もっとも、二〇歳ほど年下のニーチェはどこかで、その魅力に「衰弱」の一語を叩きつけていたはずだけれど……。

渡部直己

ギュスターヴ・フローベール（一八二一〜一八八〇）フランスの小説家。『ボヴァリー夫人』は、新潮文庫（生島遼一訳／六六七円）、岩波文庫（伊吹武彦訳／全2巻／三六〇円・四六〇円）で読める。『紋切型辞典』は岩波文庫、平凡社ライブラリーで手に入るが、岩波文庫に入っている『感情教育』『三つの物語』『聖アントワーヌの誘惑』は現在品切れ。また『フローベール全集』（全10巻別巻1／セット価格五万円）が筑摩書房から出ている。

キャロル
不思議の国のアリス

大人の鑑賞にも堪えることが一流の「童話」だとすれば、これはもう、定義に従って定義そのものを空しくさせる超一級品である。事実、五、六歳の子供たちをも楽しませるこの作品について、超一級の大人たち、たとえばブルトン一派が、その主人公を「シュルレアリスムの女神」の位置に祭り上げれば、『フィネガンズ・ウェイク』のジョイスは、その作家への満腔の嫉妬をこめたアナグラムに、「ルイス・キャロルの淫らな歓びの歌よ！」(Lewis Carroll→Lewd's Carol !)と絶賛するだろう。一編はまたドゥルーズに、「表層」の存在論をめぐる『意味の論理学』を書かしめもするのだが、初歩としては、あどけない少女の耳に流し込まれる「淫らな歓び」が、イメージやエクリチュールの多層性として沸き立つ「ポルノ小説」性を貪るとよい。殊に英語の苦手な学生諸君にはこの貪婪さを勧める。待てよ、このキノコの上で自分の背丈を気にしてる「芋虫」(caterpillar)は、これじたい「要求に応じる-柱」(cater-pillar)だぞ。「stir」はスープを「かき混ぜる」だけじゃなく「興奮させる」か。「glove」は「愛」までくるんでる！　すると……気が付けば、あなたは歓びまみれに辞書を引きまくっているに違いない。

渡部直己

ルイス・キャロル（一八三二〜一八九八）イギリスの作家、詩人。『不思議の国のアリス』は、新潮文庫（矢川澄子他訳／四七六円）、岩波少年文庫（脇明子訳／六八〇円）などで読める。『鏡の国のアリス』も新潮文庫、岩波文庫などで入手可能。

ドストエフスキー
悪霊

寝食を忘れるという言葉があるけれど、あらゆる文学作品のなかで、ドストエフスキーくらい「寝食忘れ度」の高い作家はいないだろう。最初はちょっぴり我慢が必要かもしれないが、あとはもう一気呵成、熱気の渦に巻かれ、本を閉じることは二度と不可能である。西欧の近代小説は、ドストエフスキーの出現のおかげで、どれも退屈になってしまった感がある。彼が小説というジャンルの質を根本から変えてしまったんだろう。そんな作家の作品は、どうしたって読まないわけにはいかないじゃないですか。とりわけ文芸理論や小説理論の領域では、ドストエフスキー抜きに物事を考えることはできない。彼の小説はいまなお小説というジャンルの先端に位置しているといっていいだろう。とにかくすぐ読んだほうがいい。

長編はいうに及ばす、初期、晩年の短編にも魅力がある。小林秀雄が勧めるように、全集を端から端まで読むのもいい。必ず益がある。ドストエフスキーがどうしてそんなに面白いのか、秘密を知りたい人は、ミハエル・バフチン『ドストエフスキーの詩学』(ちくま学芸文庫)を読むといい。また、『謎解き「罪と罰」』(新潮社)など、翻訳者江川卓の謎解きシリーズは、テクストへの興味を高めてくれ、参考になる。

奥泉光

F・M・ドストエフスキー（一八二一〜一八八一）ロシアの小説家。『悪霊』は、新潮文庫（江川卓訳／全2巻／七〇五円・七八一円）で読める。『貧しき人びと』『虐げられた人びと』『死の家の記録』『地下室の手記』『罪と罰』『賭博者』『白痴』『永遠の夫』『カラマーゾフの兄弟』は新潮文庫、『二重人格』は岩波文庫で入手可能。『ドストエフスキー全集』が筑摩書房から出ていたが、現在入手不可。

チェーホフ
桜の園

「概してロシアでは、事実の方面は恐ろしく貧弱なくせに、議論は恐ろしく豊富だ」とチェーホフはある人への手紙に記している。ドストエフスキーの作品群を議論の宝庫とすれば、チェーホフの作品群は事実の百科辞典である。患者の肉体に事実を求める医者の目は、革命前夜のロシア社会の病理をも見つめていた。見つめるだけでなく、医師として公衆衛生に貢献したりもした。若きレーニンもチェーホフを読み、このロシアで何をなすべきかを具体的に考えていた。社会主義思想やロシア正教の原理を通じてではなく、医者として状況をあるがままに捉える態度は、文字通り散文的だ。自身、農奴階級の出身だったチェーホフは、貴族の没落やブルジョワの台頭、女性の社会進出、恋の不平等など、一九世紀末の世相、風俗を見つめながら、無数のコント、戯曲を書いてきた。コントや喜劇こそが社会改革運動に直結することをチェーホフはのちに証明したことになる。中国のチェーホフといえば、魯迅であることを思えばなおさらに。

島田雅彦

アントン・P・チェーホフ（一八六〇〜一九〇四）ロシアの小説家、劇作家。「桜の園」は、新潮文庫『桜の園・三人姉妹』（神西清訳／四〇〇円）、岩波文庫（小野理子訳／四〇〇円）、白水社（小田島雄志訳／八〇〇円）などで読める。『かもめ』『ワーニャ伯父さん』『かわいい女』『犬を連れた奥さん』『三人姉妹』も前述の三社で入手可能。『チェーホフ・短篇と手紙』はみすず書房、『たいくつな話／浮気な女』は講談社文芸文庫で出ている。『チェーホフ全集』がちくま文庫から出ていたが、現在入手不可。

チェスタトン
ブラウン神父の童心

英国は飯はまずいが、小説は面白い。ことにミステリとか、SFといったあたりは相当にシブめだ。チェスタトンはポーを継承して、ミステリが現代文学の有力な手法たりうることを示した。ミステリは人気があるばかりでなく、大きな方法的な可能性を持っているのであって、三島由紀夫がなんといおうと、無視できるものではない。まあ、世のミステリ好きは、勧められなくても勝手に読んでいるだろうから、むしろここではミステリだけが小説じゃないと強くいっておきたい。ミステリしか読まないという諸君！　君たちは大変な損をしている。面白い小説は世の中にもっといくらもあるのだよ。

チェスタトンと似たような意味で、SF界にはH・G・ウェルズがいる。またチェスタトンを読んで面白いと思った人は、J・L・ボルヘスを読むといいと思う。英国ついでに、ディッケンズの『荒涼館』『我らが共通の友』も勧めておく。

奥泉光

ギルバート・K・チェスタトン（一八七四〜一九三六）イギリスの作家、詩人、文人批評家。『ブラウン神父の童心』は、創元推理文庫（中村保男訳／五二〇円）で読める。他のブラウン神父シリーズ、『探偵小説の世紀』『木曜の男』『奇商クラブ』『詩人と狂人たち』『ボンド氏の逆説』も創元推理文庫で入手可能。『チェスタトンの現代用語事典』『棒大なる針小―文学論・随筆集』『正統とは何か』『正気と狂気の間―社会・政治論』『自叙伝』『G・K・チェスタトン著作集〈評伝篇1〉／チョーサー』『G・K・チェスタトン著作集〈評伝篇2〉／チャールズ・ディケンズ』が春秋社で入手可能。

プルースト

失われた時を求めて

　題名からして「私探し」の物語のように受け取られ、事実、冒頭の高名なマドレーヌ菓子のエピソードから始まる「私」（マルセル）の回想は、無意識的記憶の回復の目論見であると認めることを許すかにも見えるが、膨大な各巻を読み進めていけば、そのようなありふれたモチーフがプルーストのエクリチュールを突き動かしているとはとうてい信じられなくなる、途方もない作品。二〇世紀を代表する作品の多くがそうであるように、本書もまた、いかなる意味でも終わることがない（作者の死によって、終わりを強いられたにしろ）。

　それゆえであろう、この作品については、今にいたるまで多様な読解がこころみられてきたし、今なおこころみられている。かくもひとを突き動かし続ける作品を一度は読むために、学校を休学してみたりするのも良いかもしれない。

絓秀実

マルセル・プルースト（一八七一〜一九二二）フランスの作家。『失われた時を求めて』は、ちくま文庫（井上究一郎訳／全10巻／セット価格一万二一四二円）、集英社（鈴木道彦訳／全13巻／セット価格六万三四二一円）で読める。『プルースト・母との書簡1887〜1905』（紀伊国屋書店）は入手可能。また、『プルースト全集』（全18巻別巻1）が筑摩書房から出ているが、現在品切れ。

カフカ

審判

ちょっとした仮定。身に覚えのない罪で投獄され、刑罰としてひとつの小説を与えられ、それだけを毎日一〇時間読むといった獄中生活があるとする。それが野間宏『青年の環』であれば、わたしはたぶん一〇日で自殺する。反して、カフカの『審判』なら、二、三ヵ月を嬉々として耐えうるだろう。ユダヤ神学に馴染みやすく編纂されて久しい流布版とは異なる配列の『審判』も、いわゆる「手稿版」全集の一冊として最近日本でも刊行されたが、それを差し入れてもらえれば一、二年。未修ドイツ語の辞書と文法書と原書があれば、優に一〇年はもつ。と同時に、その間、全知全能を振り絞り（ロラン・バルトの名言をもじるなら、「愛する書物と一緒にいて、別のことを考える。すると、一番良い考えが浮かぶ」といった調子で）きびきびと脱獄の機会をうかがいつづけ、成功の暁にはまったく別の何かに「変身」するに違いない。それが、文学の最高度の力というものではないか！

渡部直己

フランツ・カフカ（一八八三〜一九二四）ドイツ語で作品を書いたプラハのユダヤ人作家。『審判』は、岩波文庫（辻瑆訳／六〇〇円）、角川文庫（本野亨一訳／五〇〇円）、白水社『カフカ小説全集2審判』（池内紀訳／二八〇〇円）に収録されていて読める。『変身』は新潮文庫、『カフカ短編集』『カフカ寓話集』は岩波文庫、『アメリカ』は角川文庫、『実存と人生』は白水社、『夢・アフォリズム・詩』は平凡社ライブラリーで入手可能。新編集の『カフカ小説全集』が白水社から出ている。

魯迅

阿Q正伝

非欧米圏の近代小説家中、世界的にもっとも高名なのが魯迅だろう。確かに、大正期日本に医学生として留学し（中退）、帰国後、作家・批評家として中国革命のなかに身を挺し中途に倒れた魯迅は、アジアにおける「文学と革命」のありうべきスタイルを示して、おそらく、ヨーロッパにおけるブレヒトに比肩すべき位置を占めている。魯迅は、一般的な意味でのオーソドックスな長編近代小説は書かなかった。残されたのは、中短編であり散文詩である。しかし、その「文学」からの身のずらしかたこそが「異化」（ブレヒト）的なのである。

日雇い農民・阿Qの抑圧的日常を生きる卑屈な知恵（＝「精神的勝利法」）こそ、逆に、辛亥革命下での阿Qの死を招く悲喜劇となったことを描くこの作品は、真の意味で「革命運動の革命的批判」（中野重治）であり、「日常生活批判」の実践といえる。

絓秀実

魯迅（一八八一〜一九三六）中国の文学者、思想家。『阿Q正伝』は、講談社文芸文庫『阿Q正伝／藤野先生』（駒田信二訳／九八〇円）、岩波文庫『阿Q正伝／狂人日記』（竹内好訳／五六〇円）、偕成社『阿Q正伝／故郷』（小田岳夫訳訳／七〇〇円）などで読める。『野草』『魯迅評論集』は岩波文庫、『吶喊』は中公文庫で入手可能。『魯迅選集』（全13巻）が岩波書店から出ているが、現在一部のみ入手可能。ちくま文庫の『魯迅文集』は入手不可。

ジョイス

ユリシーズ

二〇世紀のとある一日、古代ギリシアの英雄叙事詩の登場人物が、酔っ払いとブラックユーモアの都ダブリンに勢揃いした。古今の物語作者の先祖に祭り上げられたホメロスはジョイスによって遂に葬られた。古代ギリシアの精神はダブリンで、安楽死。きらめくまなこの女神アテネも白い腕の王女ナウシカーも結髪も見事な女神カリュプソーも徹底的に矮小化される。そこにこそ二〇世紀小説の栄光があった。

亡命先のトリエステでジョイスは自らの記憶のなかからもう一つのダブリンを創造した。もはや偉大な英雄の姿はそこにはない。英雄というのは相当イカれた存在で、現代に生きる場所はない。現代のオデュッセウス（英語名ユリシーズ）はダブリン市民ブルーム氏と同様に自宅と職場のあいだで道草を食う迷える中年男でいたほうがよいのだ。

英雄の時代は終わった。男たちは、女の無意識の波間を漂いながら、今はただ退廃に身を焦がすだけ。目の前の災厄を生き延びるだけ。

島田雅彦

ジェイムズ・ジョイス（一八八二〜一九四一）アイルランドの詩人、小説家。『ユリシーズ』は、集英社（丸谷才一他訳／全3巻／各四〇〇〇円）が入手可能。河出書房新社（柳瀬尚紀訳／全12巻）は一部入手可能。『若い芸術家の肖像』は新潮文庫、『ダブリンの市民』は集英社、『フィネガンズ・ウェイク』は河出書房新社で読める。

トーマス・マン
魔の山

『魔の山』は古典ということになっているので、二〇歳の頃読んだら、ちっとも面白くなかった。それが、三〇歳になって読んだら、もう面白くて面白くて、本の頁を閉じられなくなった。何が面白いのかときかれて、一口じゃいえないけれど、とにかく、これほど綿密に計算され、細部にまで神経の行き届いた長編作品は少ないだろう。とりわけ、小説的「時間」の扱い方に関しては、最高の水準を示していて、模範的とすらいいうる。一頁ごとに感心のため息が出ると同時に、一頁ごとに笑えるのが素晴らしい。そういって以前人に勧めたら、ちっとも笑えなかったと文句をいわれた。そんなはずはない。絶対に笑えます。

トーマス・マンでは他に、芸術好き音楽好きの人には『ファウスト博士』を勧める。ぼくはこれが一番好きだ。大河ドラマをつい見たりする癖のある人には『ブッデンブローク家の人びと』がいいと思う。その他、『ヴェニスに死す』など中短編にも駄作は少ない。マンはホームランも打つが、打率も高い、理想の中軸作家といえるかもしれない。

奥泉光

トーマス・マン（一八七五～一九五五）ドイツの作家。『魔の山』は、岩波文庫（関泰祐、望月市恵訳／全2巻／七六〇円・八六〇円）で読める。『ファウスト博士』は岩波文庫で入手できるが、『ブッデンブローク家の人びと』は現在品切れ。他に『トオマス・マン短編集』『トニオ・クレエゲル』『ヴェニスに死す』『講演集ゲーテを語る』が岩波文庫で、『ヨセフとその兄弟』が筑摩書房で入手可能。

ザミャーチン

われら

性生活に至るまで管理された全体主義社会を風刺した未来小説として、ジョージ・オーウェルの『1984』の先駆けと位置付けられたこともあったこの作品は、ソ連時代には発禁本だった。もっとも、現実のソ連はこの作品に描かれた世界とは似ても似つかぬ、非効率的な社会だった。逆にいえば、共産主義はその理想をとことん突き詰めてゆくと、ここに描かれているようなユートピアになる。読み方によっては、巨大化した風俗産業に性欲を掠め取られた現代の日本を予見していたかのようでさえある。

ユートピアというのは、快感原則に忠実であろうとする限り、それを破壊しようとする無意識を育む。人は自我にとって不愉快な事態を自ら招いてしまうものだからだ。『われら』の主人公は管理されたエロスから死の欲動へ向かう本能に忠実であろうとしたがゆえ、罰せられる。

この素材もさることながら、ロシアで花開いたモダニズム文学はどんな画期的なスタイルを産み出したかを、『われら』に探るべきだろう。この作家なしには私は生まれようがなかったことも告白しておこう。

島田雅彦

E・I・ザミャーチン（一八八四～一九三七）ロシアの作家。『われら』は岩波文庫（川端香男里訳／七〇〇円）で読める。

ムージル
特性のない男

第一次大戦前夜、今日の文化研究がフロイトやウィトゲンシュタインを生んだ町としてその豊饒さを強調する、崩壊の予兆に満ちたオーストリア＝ハンガリー帝国の首都ウイーンを舞台に、いかなる「特性」をも拒否した男ウルリッヒを主人公とする、この未完の作品は、プルースト『失われた時を求めて』、ジョイス『ユリシーズ』とともに、二〇世紀を代表する長編小説である。

プルーストの「私」、ジョイスのスティーヴン・ディーダラスもともにそうであったように、「特性のない男」が小説のヒーローとして物語を支えようとするときのエクリチュールの不可能性という文学的課題を共有している。それゆえ、その未完は、単にムージルのナチスに追われた亡命先（スイス）での執筆困難によるというばかりでなく、プルーストの作品と同様、本質的だといえる。

絓秀実

ロベルト・ムージル（一八八〇〜一九四二）オーストリアの作家。『特性のない男』は松籟社（加藤二郎訳／全5巻／各三三九八円）から出ているが、一部入手不可。

セリーヌ

夜の果ての旅

小説は嫌いじゃないが、「おフランス」だけはヤダネという野良好みの人には、この一本。書いた当人があなたと同じ傾向の、しかも、あなたの想像を絶する野太く卑雑な生気を、発表当時の読者の大半を気絶せしめるような語彙と構文で書きつのったフランス人の作品である。第一次大戦の戦場から、アフリカ植民地、ニューヨークを経て再びパリの場末へ。各地をのたうち回りながら、要するに、この世のすべては糞だという呪詛と怒りを、文字どおりヤケクソに生きる若者の、じつに破格な独白体として異彩を放ちまくる自伝的長編小説。だが小説じたい糞じゃんか、俺にはもう何ひとつ我慢できないという人も、自殺や通り魔殺人を試みる前にこの小説、さらには『なしくずしの死』を読むといい。読めば、鬱憤が晴れるというのではない。むしろ曇る。セリーヌの呪いや絶望に比べたら、あなたの鬱憤がいかにチンケなものであるかを痛感しようからだ。その曇天の後の、別の晴れを待つべし!

渡部直己

L F・セリーヌ(一八九四〜一九六一)フランスの作家。『夜の果ての旅』は、中公文庫(生田耕作訳/全2巻/四四〇円・七四三円)で読める。『なしくずしの死』は河出文庫で入手可能。『セリーヌの作品』(全15巻)が国書刊行会から出ている。

フォークナー

アブサロム、アブサロム!

フォークナーはアメリカ南部の作家である。彼は来日したとき、私は「日本人が理解できる、なぜならわれわれはともにヤンキーに敗れたからだ」といった。南北戦争後の南部はいわば植民地化された第三世界であった。彼の文学がガルシア＝マルケスやラシュディなど、第三世界の作家に大きな影響を与えたことは偶然ではない。日本では井上光晴、大江健三郎などにその影響が顕著である。しかし、そのなかでも際立っているのは中上健次である。私は若いころ中上健次にフォークナーを、特にこの作品を読むように勧めた。読み終わるなり、彼は「俺は日本のフォークナーになる」と宣言した。中上の小説に出てくる浜村孫一という人物は、おそらく『アブサロム、アブサロム!』において自分の血統の後継者をつくろうとするサトペンなしには考えられなかっただろう。また、老婆の語りというスタイルも。もちろん、紀州南部とアメリカ南部が異なるように、中上とフォークナーは異なる。しかし、日本文学の最高峰である中上の小説がフォークナーという触媒なしにありえなかった以上、彼は日本文学にとっても、もっとも重要な作家の一人である。

柄谷行人

ウィリアム・フォークナー（一八九七〜一九六二）アメリカの小説家。『アブサロム、アブサロム！』は講談社文芸文庫（高橋正雄訳／全2巻／一三〇〇円・一二〇〇円）で読める。『響きと怒り』『死の床に横たわりて』は講談社学芸文庫、『サンクチュアリ』『八月の光』『フォークナー短編集』は新潮文庫、『寓話』『熊／他三篇』は岩波文庫で入手可能。『フォークナー全集』が冨山房から出ていたが、現在入手不可。

ゴンブローヴィッチ

フェルディドゥルケ

二〇世紀のポーランド語文学には三人の天才が現われた。ヴィトカーツィ、シュルツ、ゴンブローヴィッチのそれぞれは、絶望の狂人、溺れる狂人、反逆の狂人、との異名を取る。彼らは中年を過ぎても、自己破壊衝動を皮肉ややけっぱちな愚行、卑小なものへの拘泥、壊れやすいものへの愛着で晴らそうとする変態の〝青二才〟であった。そうした性向は亡命者の人生をも彩ることになる。なぜなら、亡命とは、成熟に向けて人生を磨き上げていた者をいきなり、中学生に引きずり落とすような事態だからだ。亡命者は、自分の肉体や精神を自然に、自分の心地よい方法で使いこなすこと自体が許されない。そんな境遇を、一種の寓意に仕立てたら、『フェルディドゥルケ』のようになる。彼は粘り強く、文化ナショナリズムの根底にある欺瞞を暴こうとし続けた。不愉快な生を克服するために彼らが編み出したマゾヒズムは、それ自体ヒューモアであり、個人宗教でもあった。　島田雅彦

ヴィトルド・ゴンブローヴィッチ（一九〇四～一九六九）ポーランド出身のユダヤ系の作家。「フェルディドゥルケ」は、『集英社版世界の文学10ゴンブローヴィッチ』（米川和夫訳／一三〇〇円）に収録されている。他に『バカカイ―ゴンブローヴィチ短編集』が河出書房新社で入手可能。

サルトル
嘔吐

名称（意味）のヴェールを脱ぎ捨てあたりに剝き出しになった〈事物〉。これに触れるたびに執拗な〈嘔気〉に見舞われたあげく、事物ならぬ「私」が、いまここに実存することについての過酷な「天啓」を得る若い学究・ロカンタンの手記。ゲロとしてのエピファニー小説ともいうべき一編に訪れるその「天啓」の内実にかんしては、五年後の『存在と無』において、〈即自／他自〉の主題のもとに詳述されることになる。この小説は、一面ではその哲学主著への入門編として読むこともできるが、第二次大戦へと到る波動が欧米小説の古典的輪郭をも破砕するかのような一人称小説（セリーヌ、ゴンブローヴィッチ、ヘンリー・ミラー、カミュ）に列する好例としての魅力を存分に湛えている。図書館の全書をアルファベット順に読破せんとする脇役も、なかなか妙。

渡部直己

ジャン・P・サルトル（一九〇五～一九八〇）フランスの作家、哲学者。『嘔吐』は人文書院（白井浩司訳／二二〇〇円）で読める。『水いらず』は新潮文庫、『マラルメ論』はちくま学芸文庫、『ユダヤ人』は岩波新書、『サルトル／メルロ＝ポンティ往復書簡』はみすず書房、『存在と無』『哲学・言語論集』『真理と実存』『自我の超越・情動論粗描』『植民地の問題』『実存主義とは何か』『文学とは何か』は人文書院で入手できる。『サルトル全集』が人文書院から出ていたが、現在入手不可。

ジュネ

泥棒日記

乞食と窃盗を繰り返す「男色家《ペデ》」として、いくつもの牢獄を経てヨーロッパの街々を放浪する若者の汚辱にまみれた「聖杯探求譚」。これが本書に冠せられるクリシェである。だが、本書の魅力は、そうしたドラマティックなイメージそのものを、みずから不断に四散せしめながら、到るところに亀裂を走らせる数々の切片の強度にみちた裏切りにあるだろう。ここに汚穢の聖化を求める「心」ばかりを読む者(サルトル!)は、半分も読まなかったに等しい。慕わしき男たちの「唾」「両腕」、獄舎の「糞壺」などに注がれるジュネの視力は、「心」に届くには余りにも強すぎるのだ。すべては内ではなく、外にむけて、外として、煌めく。ゆえに、その煌めきを「愛」と呼ぶ者は断言する。この「愛」が「わたしの中で爆発し、わたしを粉砕して」くれたら、「わたしは全世界の上に降り注いだことだろう」と。――現にこの稀有の「愛」はその後、パリの演劇界やパレスチナの大地に形を変えて降り注いだのだった。

渡部直己

ジャン・ジュネ(一九一〇〜一九八六)フランスの作家。『泥棒日記』は新潮文庫(朝吹三吉訳/七〇五円)で読める。『女中たち/バルコン』は白水社、『アルベルト・ジャコメッティのアトリエ』は現代企画室、『ジャン・ジュネ詩集』は国文社で入手可能。また、『ジャン・ジュネ全集』(全4巻)が新潮社から出ていたが、現在絶版。

ベケット
ゴドーを待ちながら

ジョイスの後に小説を書くことが不可能であるかに見えたそのとき、ジョイスの弟子たるベケットは、『モロイ』『マロウンは死ぬ』『名づけえぬもの』の三部作によって、小説の終わりのなさを証明してみせた。『ゴドー』は、三部作執筆中のベケットが、「息抜き」として書いた戯曲であり、二人のホームレスが「神《ゴッド》」の寓意とも評されることのある「ゴドー」を待ちながら、ほとんど吉本のマンザイとみまがう会話を延々と続けるというものだが、今に至る現代演劇に決定的な影響を与えた。事実、漫才コンビからさまざまな実験劇団まで、多くの者が『ゴドー』上演を試みている。

たとえば、現下の世界的な資本主義「不況」の下に『ゴドー』を置いてみると、それはいかなるポストコロニアル演劇や難民演劇よりもリアルである。そのような意味においても、いまだのりこえ不可能な傑作たりつづけているといえよう。

絓秀実

サミュエル・ベケット（一九〇六～一九八九）アイルランド出身のフランスの小説家、劇作家。『ゴドーを待ちながら』は白水社（安堂信也、高橋康也訳／二〇〇〇円）で読める。『モロイ』『マロウンは死ぬ』『名づけえぬもの』も白水社で入手可能。他に『ジョイス論・プルースト論―ベケット詩・評論集』『プルースト』『マーフィー』『ワット』『エレウテリア』『並には勝る女たちの夢』も白水社で手に入る。

ロブ=グリエ
嫉妬

友人と妻との関係に疑念を抱き、妻の言動を事細かに監視する夫の「嫉妬」にみちた視界、というだけのことならありふれている。書けといわれれば誰にも書ける話だろう。が、あなたはたとえば、作品の話者の位置にすえたその夫の心理には一行も触れずに、この話を書けるだろうか。しかも、妻や友人のすぐ側に存在している夫=話者の姿を作中に一度も書き込まずに？　その上でさらに、凡百の類似小説を遠く凌駕するリアリティを紙幅に現出することが出来るだろうか？　周囲の事物に対する一貫した外面描写じたいが相互に生産しあう構造的隠喩性と、カメラのレンズが画面に映らぬような話者=作中人物性の創出によって、ロブ=グリエの一編が作り出したのは、まさにそうした小説である。小説における「リアリティ」が、言葉による再現ではなく、言葉そのものの産出性にある点を知らしめた「ヌーヴォー・ロマン」の傑作。ビュトール『時間割』、クロード・シモン『フランドルへの道』などとの併読を勧めたいが、これらのテクストの異様さと、六八年の切断点へと到る現実の波動との接触面をいかに感知するか。デュラスの場合と同様、そこがまた重大（かつ、いまだに今日的）なポイントとなりもしよう。

渡部直己

アラン・ロブ=グリエ（一九二二〜）フランスの作家。『嫉妬』は新潮社から出ていたが、現在入手不可。『ニューヨーク革命計画』も同様。『覗くひと』『迷路のなかで』は講談社文芸文庫で手に入る。

デュラス
モデラート・カンタービレ

港町のカフェを舞台に、そこで突発した情痴殺人事件について、他の一組の男女が幾度も語り合う。その対話のなかで想像される関係が、対話者間に転移模倣されようとする気配がきわまった一瞬、手にした本の紙が鋭い音をたてて引き裂かれるかのように途絶し、すべてが宙につられる一編の感触は無二の生彩をおびている。ヒロイン有閑夫人の倦怠と焦燥を徐々に透かし彫りにする対話の、寄る辺なさと不意の求心性との絶妙の交錯性や、結末近くに突然挿入される晩餐会描写の衝撃力などは、まさに絶品。ただし、この男女の背後にある資本家と解雇された労働者の関係を読み落とすと、大事なものを逸する恐れあり。共産党員であった作家が、晩餐会の夜のヒロインから引き出す「嘔吐」が、六八年五月の産物『破壊しに、と彼女は言う』に変奏される点を肝に銘じて、人は初めて、発表当時「ベラ・バルトーク」によって書き直された『ボヴァリー夫人』と称された本作の読者たりえよう。

渡部直己

マルグリット・デュラス（一九一四～一九九六）フランスの女流作家、映画作家。『モデラート・カンタービレ』は河出文庫（田中倫郎訳／四七〇円）から出ている。『ユダヤ人の家』『愛』『ヴィオルヌの犯罪』『愛人』『北の愛人』は河出文庫、『緑の目』『エクリール—書くことの彼方へ』『これで、おしまい』『苦悩』『ロル・V・シュタインの歓喜』『あつかましき人々』は河出書房新社、『アウトサイド』は晶文社、『娘と少年』は朝日出版社で入手可能。

レム

ソラリスの陽のもとに

ユダヤ教徒はキリスト教徒のように、救済を自分の魂の問題とは考えなかったし、地獄や煉獄、最後の審判、神の恩寵といった発想も持っていなかった。レムはそのユダヤ教の流れをくんでおり、その作品の底流をなす思想は、キリスト教徒から見れば、限りなく無神論に近い。

レムは太陽系外の惑星文明を好んで描く。タルコフスキーの映画でも知られる『ソラリスの陽のもとに』は記憶や想念が全て実体化してしまう不思議な海をもった惑星における宇宙飛行士の体験と科学者の分析が緻密に描かれる。亡き妻の幻影に悩まされる飛行士はノスタルジーの甘美さに酔いもするが、この惑星の自然は、人間の営みとは全く無関係である。人はつい、宇宙にロマンなど見出してしまう。アメリカの宇宙飛行士は地球外に神を見てきたが、NASAはもとより信心深い飛行士ばかり宇宙に送り込んできた。一方、レム作品の科学者は唯物論者かつ無神論者で、それこそ身も蓋もない解釈をする。いや、それこそが人間の文明や感覚をも相対化する態度であり、『2001年宇宙の旅』のアーサー・C・クラークの如きめでたいキリスト教徒より遥かに科学的である。

島田雅彦

スタニスワフ・レム（一九二一〜）ポーランドの小説家。『ソラリスの陽のもとに』は、ハヤカワ文庫（飯田規和訳／六四〇円）で読める。『捜査』『砂漠の惑星』はハヤカワ文庫、『虚数』『完全な真空』は国書刊行会で入手可能。

ガルシア=マルケス
百年の孤独

南米のジャングルに包まれた架空の町「マコンド」を開闢・建設・支配する一族の年代記。土を食べる子供や、町じゅうに拡がる不眠と健忘などからはじまって、荒唐無稽な出来事の連発。人が宙に浮くかと思えば、鳥の大群が逆に空から落ちてくるわ、五年近く降りつづける雨のあとに、一〇年間の日照が続くわ、ラブレーばりの奇態な挿話に彩られるこの一族は、一方ではしかし、ちゃっかりと町の「近代化」を押し進める。ノアの箱船が蒸気で進むようなその奇怪な（不）均衡のうちに、コロンブスによって世界史のなかに投げ込まれたラテン・アメリカの歴史と現実を凝縮した一編は、セルバンテス以来スペイン語で書かれた最高傑作の名を誇っている。盛名に偽りなく、とりわけ、物語の入口と出口に（かくべつ特異ではないものの、やはり）絶妙の仕掛けあり。なお、フォークナーの着想を範とするこの作家の日本における相弟子として、『同時代ゲーム』の大江健三郎と『千年の愉楽』の中上健次がいるので、併読を勧める。

渡部直己

ガブリエル・ガルシア＝マルケス（一九二八〜）コロンビアの小説家。『百年の孤独』は新潮社（鼓直訳／二八〇〇円）から出ている。『予告された殺人の記録』は新潮文庫、『エレンディラ』『幸福な無名時代』はちくま文庫、『族長の秋』『ママ・グランデの葬儀』は集英社文庫、『戒厳令下チリ潜入記—ある映画監督の冒険』は岩波文庫、『物語の作り方』は岩波書店、『愛その他の悪霊について』『落葉—短編集』は新潮社、『誘拐』は角川春樹事務所、『ある遭難者の物語』は水声社で入手可能。

ラシュディ

真夜中の子どもたち

世界でもっとも多様な英語が話されているのはインドである。インドの多言語状況は我々の想像を絶する。夫婦の出身地が違えば、言語も違い、家庭の共通語は英語となる。さらに暮している地域の言語、学校の言語、両親の言語、恋人の言語も違うとなれば、日常的に五言語は使いこなさなければならない。結局、一番便利な共通語英語にローカル言語の様々な表現、ニュアンス、語彙が紛れ込んでくる。アメリカでも英国でも英語で書くインド人作家は大活躍しており、朗読会場はインド人の聴衆で埋め尽される。ヒンディー語特有の表現やインド古典のパロディがちりばめられたテクストにみな爆笑する。内輪受けだが、数が多い。ああ、こうして英語は旧植民地の作家によって、逆に植民地化されてゆくのだなと思う。『悪魔の詩』でホメイニに死刑判決を下されたラシュディのこの自伝は差異の帝国たるインドでの少年期が抱腹絶倒のエピソードとともに綴られる。もう誰も彼のことをインドのローカル作家とは思わない。インドと英国のあいだ、イスラム教とヒンズー教のあいだ、ローカル言語と英語のあいだ、言論の自由とイスラム原理主義のあいだといった様々なあいだから発信される作家の主張は、国家を越え、世界市民的普遍に開かれる。文学のグローバリズムはアンチ・グローバリズムに向かう。

島田雅彦

サルマン・ラシュディ（一九四七〜）インド系イギリス人の作家。『真夜中の子どもたち』は早川書房から出ていたが、現在入手不可。『悪魔の詩』は新泉社、『ハルーンとお話の海』は国書刊行会、『東と西』は平凡社、『ジャガーの微笑—ニカラグアの旅』は現代企画室で入手できる。

ブレイク

ブレイク詩集

詩人は超能力の持ち主であった。神の声を聞いてしまう人々が今よりも大勢いた頃の話である。耳を澄ませば、神の囁き声が聞こえるほどに、世界は静かであった。

たとえば、山に登る、病気になる、死の恐怖を味わうとき、普段とは別の感覚が働き出す。思考のオーダーも筋肉の使い方も変わり、感覚的に別次元の世界に入ってしまう。いわば、人が変わってしまう。神の声が聞こえてくるのはそんなときである。もとより、詩は、小説のような説明や描写を省き、いきなり他者に向けて言葉をぶつけていくジャンルで、ほとんど霊能者のうわ言か、預言者の託宣に近い。我が身に迫り来る恐怖、不安、悪夢を克服するために、人はそれを名づけ、別の感情に交換できるように言葉に翻訳しようとした。直接に触れたり、見たり、聞いたりできない感情に、色や形を与え、交換可能なものにする営みのことを詩と呼ぶ。無知から経験を導くのが理性であり、哲学なら、感覚を磨き、魂の目覚めを呼ぶのは想像力であり、詩である。貧困と無名に生きたこの版画職人は、無心のままに言葉を紡いだ。

島田雅彦

ウィリアム・ブレイク（一七五七～一八二七）イギリスの画家、版画家、詩人。ブレイクの詩集は、彌生書房『ブレイク詩集』（壽岳文章訳／一四〇〇円）、角川文庫『無心の歌、有心の歌―ブレイク詩集』（壽岳文章訳／一〇〇〇円）、平凡社ライブラリー『ブレイク詩集―無心の歌、経験の歌、天国と地獄との結婚』（土居光知訳／七三八円）などで手に入る。

ヘルダーリン

ヘルダーリン詩集

ドイツ語学習人口が減るにしたがって、ドイツ・ロマン主義文学の人気凋落は甚だしいが、いまなお一部に熱狂的読者を持っているのは、独特の魅惑があるからだろう。ドイツ・ロマン主義を代表する詩人にはノヴァーリスがいる。小説家ではホフマン。批評家ではF・シュレーゲルの名前があがるが、ヘーゲルやフィヒテらの観念論哲学もこれに隣接している。「全体」や「根源」や「原郷」へと一気呵成に到達しようというのがロマン主義の特色で、「後進国」ならではの無茶が引き起こす軋みや熱気こそが魅力である。一度好きになると病みつきになりやすいので注意が必要だ。

ところでヘルダーリンはノヴァーリスと同世代だが、ロマン主義には簡単にくくれない。ヘルダーリンくらい評者によってイメージを異にする詩人は珍しく、その全体像はいまだ謎に包まれている。って、僕がまだあまり読んでいないだけなのかな。ロマン主義にくくれないのはヘーゲルもそうで、誰かを何々主義と決めつけるのは、読んでからにしたほうがいい。

奥泉光

フリードリッヒ・ヘルダーリン（一七七〇～一八四三）ドイツの詩人。河出書房新社から『ヘルダーリン全集』（全4巻）、『筑摩世界文学大系26』にヘルダーリンの著作が収録されていたが、いずれも現在入手不可。

ボードレール
悪の華

フランス象徴主義文学の金字塔。「サンボリスト」には、世界を見るのではなく、世界によってたえず自分が見つめられているという錯覚が不可欠だが、酒と麻薬の助長するその錯覚の生々しさと、近代芸術史上もっとも明晰な批判知性とのきわどい均衡のなかから生み出された詩編。これにハマりまくった人に三種の途あり。①均衡の破れ目から露呈する言葉そのものの戦慄的な不実さに目ざめる人たち（マラルメ→ブランショ→フーコー）、②「詩」への嫉妬としての「批評」に入れあげる人たち（小林秀雄→その他大勢）、③感受性の豊かさを自他に誇るただのアル中、ヤク中、またはマザコン。読んで感銘を受けたが上記三種とは無縁だと感ずる人は、是非とも、この詩人の絵画論や文学論に就くべし。受けなかった人も彼の批評文は必ず繙いて、出来ればベンヤミンのボードレール論に到り、翻ってこの詩集を再読すべし。それでダメなら、まあ仕方ない。

渡部直己

シャルル・ボードレール（一八二一～一八六七）フランスの詩人。『悪の華』は、新潮社文庫（堀口大學訳／四八〇円）、ちくま文庫『ボードレール全詩集Ⅰ』（阿部良雄訳／九五〇円）、みすず書房『ボードレール詩集』（粟津則雄訳／一五〇〇円）、弥生書房『悪の花』（杉本秀太郎訳／二二〇〇円）などで読める。『巴里の憂鬱』は新潮文庫、岩波文庫で入手できる。また『ボードレール全詩集』（全2巻）がちくま文庫、『ボードレール批評』（全4巻）がちくま学芸文庫から出ている。

ランボー

ランボー詩集

知られているように、日本におけるランボーの導入は、小林秀雄によってなされた。ボードレールへの親炙によってもたらされた「自意識の球体」を破砕する爆薬としてのランボーに、小林が突然遭遇したとするその神話は、二葉亭四迷以来の日本の近代文学のオブセッションである「芸術と実行」（田山花袋）という問題構成の崇高化であり、なおかつ、その「解決」であるかに受け取られた。そして、小林訳によるその翻訳の強度は、その「誤訳」の多さにもかかわらず、その後出現した多くの「正確な」訳をしりぞけて、いまなお圧倒的な影響力を誇っている。

もちろん、誤訳問題のみならず、センチメンタリズムに傾く小林訳の問題性は、つとに指摘されているが、にもかかわらず、これをこえる翻訳がいまだ出現していないところに、われわれの詩的言語が置かれている困難が象徴されていよう。

絓秀実

アルチュール・ランボー（一八五四〜一八九一）フランスの詩人。ランボーの詩集は、創元ライブラリ『ランボオ詩集』（小林秀雄訳／九〇〇円）、ちくま文庫（宇佐美斉訳／一一〇〇円）、新潮文庫（堀口大学訳／三六二円）、思潮社（鈴村和成訳／一一六五円）などで手に入る。『イリュミナシオン』は思潮社から出ている。

エリオット

荒地

第一次大戦後のヨーロッパ世界は、ダダイズム、シュルレアリスム等、様々な前衛芸術運動の坩堝となった。これは、ホメロス以来と措定されていたヨーロッパ文学の伝統への信憑が、大戦によって揺るがされたのである。古今の文学作品や神話からの多彩な引用を駆使したエリオットの『荒地』は、一見すると前衛とみまがう長編詩ながら、荒地と化した大戦後ヨーロッパ世界に見失われた伝統を再発見し、パロディ的にそこに連なろうとする、明確に古典主義的な方法意識につらぬかれている。エリオットに親炙した日本の西脇順三郎や鮎川信夫にも、伝統回帰的な側面は見て取れよう。

『荒地』は、ファシズムに接近したエズラ・パウンドの、より大胆に「実験的」な長編詩集『キャントーズ』とともに、二〇世紀文学の詩的言語の存亡を考えるうえで不可欠のテクストであり、今なお多くの者によって翻訳・改訳がこころみられている。

絓秀実

トーマス・S・エリオット（一八八八〜一九六五）イギリスの詩人、劇作家、批評家。エリオットの詩集は、思潮社（上田保、鍵谷幸信訳／一七四八円）などで入手できる。『キャッツ―ポッサムおじさんの猫とつき合う法』はちくま文庫、『寺院の殺人』は〈リキエスタ〉の会、『教育について』は玉川大学出版部、『荒地・ゲロンチョン』『四つの四重奏曲』は大修館書店、『エリオット評論選集』は早稲田大学出版部、『T・S・エリオット演劇批評選集』『T・S・エリオット文学批評選集』は松柏社で入手可能。

マヤコフスキー

マヤコフスキー詩集

ロシア革命は、二〇世紀のモダニズムと深い関わりがあった。ヨーロッパではブルジョワによるブルジョワ趣味からの脱却、アカデミズム批判という側面があったが、ロシアでは十月革命と直接的に連動していた。革命のアジビラ、内戦への参加を促すポスターやメッセージ、社会主義政権のモニュメント、革命啓蒙映画など、文学、演劇、美術、音楽あらゆるジャンルのアーティストたちが、新しい社会建設に参加し、その作業のなかから新たな表現手法が編み出された。マヤコフスキーはまさにその時期のスターだった。伝統的なロシア詩の韻律を破壊し、工場や街頭で演説をするように朗読された詩は、騒音の擬音化や無意味言語の使用といった手法も折り込まれている。今でいえば、ストリート・ポエムの先駆けみたいなものだが、社会主義リアリズムがソヴィエト芸術の公式方針となってからは、人民や当局との折り合いが悪くなり、自殺した。

ロシア・アヴァンギャルドの実験詩の見本のような作品は、ロシア語自体のポテンシャリティを高めもした。日本語訳の詩集は和文和訳の訓練に使うといい。

島田雅彦

ウラジミール・マヤコフスキー（一八九三〜一九三〇）ソヴィエト・ロシアの詩人。マヤコフスキーの詩集は、飯塚書店、彰考書院から出ていたが、現在、入手不可。

ツェラン

ツェラン詩集

「アウシュヴィッツ以後、詩を書くことは野蛮である」（アドルノ『プリズム』）。詩がこの宣告を超えて辛うじて生き延びることができたのは、パウル・ツェラン（本名アンチェルの逆）のおかげだ。一九二〇年、旧ルーマニア領に生まれ、ユダヤ人としてナチスの収容所を体験し、戦後、パリで詩作を続けながらも、七〇年にセーヌ川に身を投げる。だが、その詩は、言葉を石や砂のようなところまで切り詰めることで、いわば無機的な生命を獲得し、いまもひそやかに生き続けているのだ。「灰。／灰、灰。／夜。／夜—そして—夜。——目へ／行け、濡れた目へ。」その目は夜の極北でなお何かを見るだろう。「光があった。救い。」たった三語にまで切り詰められたこの一行は、ドイツ近代詩を開いたヘルダーリンの「危険のあるところに／救いもまた生ずる」という一句と、近代の終極にあってはるかに呼応し合っている。

浅田彰

パウル・ツェラン（一九二〇〜一九七〇）亡命ユダヤ人のドイツ語詩人。青土社から『パウル・ツェラン全詩集』（中村朝子訳／全3巻／1、2巻六六〇二円・3巻四六六〇円）が出ている。『暗闇に包みこまれて』『パウル・ツェラン 初期詩篇集成』は青土社、『遺稿からの詩篇』『絲の太陽たち—パウル・ツェラン詩集』はビブロス、『パウル・ツェラン／ネリー・ザックス「往復書簡」』は青磁ビブロスで入手できる。

バフチン

ドストエフスキーの詩学

本を読むだけではいまひとつポリフォニーという概念は理解しにくいだろうが、シベリア鉄道に三日も乗っていれば、自然に体得できるだろう。コンパートメントには酔っ払いがいて、一人でわけのわからないことをしゃべりまくっている。やがて、それを聞いていたおばさんが、突然ヒステリーを起こして、世の中を呪うようなことをいいはじめ、ついには乗客全員が自分勝手なことを永遠にしゃべりつづける。

ドストエフスキーの作中人物たちは相手が聞いていようがいまいが、果てしなく長広舌を繰り出す「うるせえ奴ら」である。こと『悪霊』の政治談義、『罪と罰』の酔っ払いマルメラードフのうわ言に顕著であるように、その作品世界は互いに溶け合うことのない会話で満たされている。しかも、どの人物も話しはじめたら、短編小説並みの展開をしてしまい、結果的にどの長編も、登場人物それぞれを主人公にした物語の有機的結合となる。そして、長編の結末に置かれるのは、新たな長編の序章なのである。

島田雅彦

ミハイル・M・バフチン（一八九五〜一九七五）ソ連邦の文芸学者。『ドストエフスキーの詩学』は、ちくま学芸文庫（望月哲男、鈴木淳一訳／一五〇〇円）から出ている。『小説の言葉』は平凡社ライブラリー、『フランソワ・ラブレーの作品と中世・ルネッサンスの民衆文化』はせりか書房で入手可能。『ミハイル・バフチン全著作』（全8巻）が水声社から刊行中。

ブランショ
文学空間

たとえば、文学への造詣の深さを吹聴すること。賢さを誉められること。そんなことを生き甲斐にするような人は、間違ってもこの批評集に手を伸ばすべきではない。マラルメやカフカやリルケなどについて一体何が書かれているか、きっとわからぬだろうからだ。その不明はしかも、紙幅の全面に漲る有言無言の脅迫によって、苛立たしさの極に達するだろう。言葉がみずから言葉であることに戸惑う一瞬、人が人ならぬものへ散逸する一瞬、物の形が形をこえた未聞の遠近法のうちに崩れ落ちる一瞬、つまりは、いまここにある裂け目と空虚。そうした一瞬一瞬への不可能な接近の試みとしてあるこの熱情がわからぬようなら、初めから文学などに触れるなといわんばかりの脅迫的な緊張を漲える本書は、逆に、書けば書ける言葉、見れば見うる形に飽き飽きしている人にとっては、むろん必須となる。フランス本国におけるその最良の読者は『外の思考』のフーコー、日本では『鏡・空間・イマージュ』の宮川淳か。

渡部直己

モーリス・ブランショ（一九〇七〜）フランスの作家、批評家。『文学空間』は、現代思潮新社（粟津則雄、出口裕弘訳／六四〇〇円）で読める。『明かしえぬ共同体』（ちくま学芸文庫）、『友愛のために』（〈リキエスタ〉の会）、『望みのときに』（未来社）、『完本焔の文学』（紀伊国屋書店）、『ミシェル・フーコー』（哲学書房）が入手可能。『来るべき書物』は現代思潮新社と筑摩書房から出ていたが、現在品切れ。

二葉亭四迷

浮雲

　言文一致体小説を日本で書くのはまだ早いといった坪内逍遥『小説真髄』を批判的に受け止め、いやいや今すぐにでもと思った二葉亭が書いた全三編の未完の作品。簡単にまとめてしまえば、若い下級公務員の失恋・リストラ話で、その話に今なおリアリティがあるともいえるが、むしろ、その世俗的でつまらないといえばつまらない物語内容を、読者に、あたかも「わがことのように」読ませる文体がいかにして可能になったかが、この作品から読み取られるべきである。実際、二葉亭の創始した俗語革命は『浮雲』では挫折を強いられたと見なすべきであり、それは、日清戦争後になされたツルゲーネフの二葉亭による『あひゞき』の改訳（そして同年の尾崎紅葉『多情多恨』）において、いちおうの「完成」を見た。
　しかしともかく、今にいたる日本の近代文学が、この作品のうえにおいて可能となっていることは、いくら強調してもしすぎることはない。

絓秀実

二葉亭四迷（一八六四〜一九〇九）明治期の小説家、翻訳家。『浮雲』は、新潮文庫（二四〇円）、岩波文庫（四〇〇円）で読める。『其面影』は岩波文庫、『平凡・私は懐疑派だ——小説・翻訳・評論集成』は講談社文芸文庫で入手可能。『明治の文学5 二葉亭四迷』には、「あひゞき」「余が翻訳の標準」「余が言文一致の由来」「予が半生の懺悔」などが収録されている。

森鷗外

舞姫

日本の近現代文学を〃もてない男〃の系譜として、捉えた学者がいたが、確かに成就しない恋に悩む奴の自意識が逆巻く小説ばかりが大量生産されてきた。実際、もてないことが思想になり、〃もてる男〃を抑圧するようになってしまった。処女崇拝や純愛がテーマに据えられたのは近代文学以後で、それ以前は好色が幅を利かせていた。漱石は「恋は罪ですよ」と『こころ』の先生にいわせているが、自身〃もてない男〃だったことと無関係ではあるまい。ドイツで医学研究をしていた鷗外とロンドンで文学に裏切られていた漱石とでは、勝負は最初からついている。しかし、ドイツ人の女に追いかけられ、冷淡に捨てる〃もてる男〃の話と聞いて、『舞姫』を読みたくなる人は少ないだろうから、先に『ヰタ・セクスアリス』を読んで、江戸末期から明治に至る変遷期の性風俗を垣間見ておくのがいいだろう。軟派(女色)も硬派(男色)も、妻も妾も、純愛も売春も同時に謳歌していた時代の空気を吸った男がドイツ女性の目にどう映ったか、『舞姫』はその観点から読むべきだ。『蝶々夫人』を裏返すと、『舞姫』になる。

島田雅彦

森鷗外(一八六二〜一九二二)明治・大正の小説家、評論家、翻訳家、陸軍軍医。『舞姫』は、文春文庫(六〇〇円)、ちくま文庫(一〇〇〇円)、岩波文庫(四六〇円)、新潮文庫(四〇〇円)、角川文庫(三四〇円)、集英社文庫(三一四円)などで読める。また『ヰタ・セクスアリス』は新潮文庫で入手可能。『森鷗外全集』(全14巻)はちくま文庫、『鷗外歴史文学集』(全13巻)が岩波書店から出ている。

樋口一葉

にごりえ

日清戦争前後、「言文一致」なる新たな小説言語の創出・定着に腐心する男性作家らの試行錯誤をあっけなくコケにしてしまうほど魅力的な文語体小説。嘘だと思うなら、音読してみるとよい。同じ文語体近代小説の先蹤とされる森鷗外『舞姫』であれば、音読して多分にこそばゆいのに反し、一葉の文章は、乗せるほどに声になじみ、物語になじみ、それでいて少しも古風な感じがしない。せぬどころか、随所にハッとするほど知的な構成や焦点移動の妙が冴え、同時代の男たちの小説とはまるで格が違う。若い酌婦の身体を横断する異種の時間の衝突が物語を切所に導く一編は、内容面においてもまた、この国の近代小説の誕生期に突出している。これはしかも、二五歳で夭逝した、現代風にいえば、高卒でも中卒でもない小卒の人間の手によって書かれているのだ。日本文学にも、かつて確実に一度は「奇蹟」が出現した事実を痛感させる作品。

渡部直己

樋口一葉（一八七二〜一八九六）明治時代の小説家。「にごりえ」は岩波文庫（三六〇円）、新潮文庫（三六二円）、角川文庫（三四〇円）、集英社文庫（三五二円）などで読める。いずれの文庫にも「たけくらべ」「十三夜」なども収録されている。筑摩書房『明治の文学17樋口一葉』には、上記の作品の他「闇桜」「うもれ木」「琴の音」「やみ夜」「大つごもり」「ゆく雲」「うつせみ」「わかれ道」「われから」「日記(抄)」などが収録されている。

泉鏡花

高野聖

たんに幻想を描くのではなく、いわば、描くことじたいに孕まれる幻想性を紙幅の全面に跋扈せしめること。たとえば、「橋のたもとに一人の女性が佇ずんでいる」という一行の描写を、その女性の顔立ちや衣装小間物、挙措といった細部をなぞりながら一〇行、二〇行、三〇行と引き延ばしてみるがいい。それだけで、この女性は妖しく人離れしてくるだろう。そこに、ロシア・フォルマリズムの「異化理論」や、フランス「ヌーヴォー・ロマン」の一面を本能的に先取りしてしまった鏡花の、最大の特徴と比類ない生動がある。もっともラディカルに精緻な言霊信仰者。その鏡花の作例のなかで、『高野聖』は比較的なじみやすく、そのくせ十二分に異様な名作。美女の手で次々と深山の〈動物〉と化す生物（男＝蝙蝠、男＝猿、男＝馬、男＝魑魅魍魎）たちの表情は、凡百の擬人法や変身譚を遠く凌いで息づきながら、男＝読者の寄る辺なき戦慄を誘う。

渡部直己

泉鏡花（一八七三〜一九三九）明治・大正の小説家。『高野聖』は、新潮社文庫（四〇〇円）、岩波文庫（四〇〇円）、集英社文庫（三七一円）などで読める。『外科室・海城発電／他五篇』『春昼・春昼後刻』『草迷宮』『夜叉ケ池・天守物語』『鏡花短篇集』は岩波文庫、『婦系図』は新潮文庫で入手可能。『泉鏡花集成』（全14巻）はちくま文庫、『鏡花幻想譚』（全5巻）は河出書房新社から出ている。

国木田独歩
武蔵野

二葉亭によって創始されたといいうる日本の言文一致体は、日清戦争後、その二葉亭や尾崎紅葉の努力によって、基本的に完成をみた。本書は、そのような日本語のエクリチュールの条件のなかで、主に、二葉亭のツルゲーネフ訳の影響下、当時渋谷に居をかまえていた独歩が、武蔵野の風景をみずからの「内面の発見」(柄谷行人)として記したものといえる。いまなお、日本近代小説のカノンと見なされる。事実、漱石、島崎藤村、田山花袋ら「国民文学」が勃興した日露戦争後の時代に、その先駆として召還されたのが独歩であった。

なお、独歩は日清戦争中、従軍記者として熱狂的な盛名を得たが、その国民主義的な性向が、『武蔵野』という叙情的な作品を書くうえで必須なものだったということをおさえておくべきであろう。　絓秀実

国木田独歩(一八七一〜一九〇八)詩人、小説家。『武蔵野』は、新潮社文庫(四三八円)、岩波文庫(五〇〇円)で読める。他に『欺かざるの記抄―佐々城信子との恋愛』(講談社文芸文庫)、『牛肉と馬鈴薯・酒中日記』(新潮文庫)、『号外・少年の悲哀/他六篇』(岩波文庫)などが入手可能。

夏目漱石
吾輩は猫である

『吾輩は猫である』は日本国民なら誰もが読んでいるだろうと安心していたら、あるときそうでもないと知って、愕然となった。学識のうえで深く尊敬する友人に「読んだ?」ときいてみたら、「ううん、読んだことない」との返事である。まさかのことに慄然となりつつ様子を窺えば、相手は恬として恥じ入る風情がない。それどころか、君って物好きなんだね、といいたげな顔をしているではないか。焦りつつ、その後いろんな人に尋ねたら、多くの人がいまだ読まぬ実状が明らかになった。しかし、なんで読まんのだろう。あんな面白いものを。

『猫』は日本語の散文というものの、ひとつの範例である。世の中に無数にある言葉のなかから、小説というものが立ち現われてくる瞬間を至近に観察できる。『猫』に漂う寂寥感は散文を書くことの根本に存する孤独を照射する。それに較べたら、山野を放浪する吟遊詩人の孤独なんて甘たるい。

日本の近代小説作家で、古典としての地位を獲得して揺るぎなさそうなのは、まず漱石だけだろう。だから好き嫌いをいっている場合ではない。だって古典だもの。納税の義務は怠っても『猫』は読もう。もちろん他の作品も。

奥泉光

夏目漱石(一八六七~一九一六)作家、英文学者。『吾輩は猫である』は、新潮文庫(四七六円)、岩波文庫(五〇〇円)などで読める。その他の小説も各社文庫で手に入る。小説以外では『私の個人主義』は講談社学術文庫、『漱石人生論集』は講談社文芸文庫、『思い出す事など他七篇』『漱石俳句集』『漱石文芸論集』『漱石文明論集』は岩波文庫、『硝子戸の中』は新潮文庫などで入手可能。

島崎藤村

破戒

作品にいう「下層の新平民」たちの描き方に露骨な表象＝支配の差別性については、丑松の卑屈きわまりない告白箇所とともに、もちろん、なお現在形の問題として十分な批判と警戒を要する。丑松をはじめ、作中人物たちの共有する多分に杓子定規な表情にも傷はあり、物語の作為的な展開を手放しで賞賛するわけにもゆくまい。二〇年ほどの歳月を閲する言文一致運動の「完成」を担うと謳われる文体とて、文学史的な価値以上の魅力を存分に湛えているとはいいがたい。だが、むしろそうした幾多の欠陥ゆえに、これはやはり積極的に読まれるべき小説である。作中の一方に晴れの「天長節」があり、他方にこの「告白」があるという余りに日本的な想像力の閉域。武田泰淳も三島由紀夫も大江健三郎も、中上健次さえ容易には逃れえていないその閉域からの十全たる逃走＝闘争なしに、ほかならぬこの日本で、小説を書き読むことの、真にきびきびとした政治性は望みようもないからだ。

渡部直己

島崎藤村（一八七二〜一九四三）詩人、作家。『破戒』は、新潮文庫（五五二円）、岩波文庫（六〇〇円）などで読める。『千曲川のスケッチ』『春』『家』『夜明け前』も新潮文庫と岩波文庫で入手可能。『藤村詩抄』は岩波文庫、『藤村詩集』は新潮文庫などで手に入る。

田山花袋

蒲団

一九〇七年（明治四〇年）に発表された『蒲団』という作品は社会的に大きな衝撃を与えた。当時、島村抱月は《肉の人、赤裸々の人間の大胆なる懺悔録》と評した。そして、その反響の大きさが、当時の作家たちを、島崎藤村の『破戒』のような方向ではなく、『蒲団』のような私小説の方向に向かわせたといわれている。花袋自身、「隠しておいたもの」を勇敢に告白したという。しかし、後の調査では、これがまったくフィクションであるということがわかっている。また、周囲の人たちにも了解済みであったことも。明らかなのは、これが世間に衝撃を与えるという目的をもって書かれたということである。花袋は『蒲団』を書いても恥ずかしくなどなかった。虚構なのだから。しかし、彼は文壇的競争心のためなら何でもやってしまう自分の心だけは「隠した」。そのほうが恥ずかしいからである。ところで、現在、「私小説」と称して、身勝手な「真実」を書く作家がいるが、金と名声以外に書く動機がないということを恥じてもいない。　柄谷行人

田山花袋（一八七一〜一九三〇）作家。『蒲団』は、新潮文庫（三二四円）、岩波文庫（三六〇円）で読める。他に『田舎教師』『一兵卒の銃殺』（岩波文庫）、『東京の三十年』（講談社文芸文庫）、『日本温泉めぐり』（角川春樹事務所）、『東京震災記』（博文館新社）などが入手可能。『定本花袋全集』（全28巻別巻一）が臨川書店から出ている。

徳田秋声

あらくれ

日露戦後に誕生した日本自然主義文学は、「時代閉塞の現状」の石川啄木が喝破したように、大逆事件を前にして、およそ一〇年で早くも挫折を余儀なくされたが、その後も文学的に延命しえて大正期を迎えた数少ない作家が秋声であり、本書はそのなかでも『仮装人物』とともに代表的な作品といえる。ヒロイン「お島」の激しいキャラクターは『足迹《あしあと》』『黴《かび》』などで秋声が描きはじめた特異な女性性の一頂点とも見なせよう。秋声は女という特異な「もの」を描きうる、フェティシズム的なエクリチュールを持った稀有な作家であり、その意味でも、自然主義とか私小説といった文学概念をはるかにこえる、大作家である。

なお、この作品は成瀬巳喜男によって映画化されているが、そこにおける高峰秀子のお島も、小説の印象とはやや異なりながら、すばらしい。小説とあわせて見ることを推奨しうる映画の数少ない例である。

絓秀実

徳田秋声（一八七一〜一九四三）小説家。『あらくれ』は新潮文庫（四〇〇円）で読める。『仮装人物』『縮図』は岩波文庫で入手可能。『徳田秋声全集』（全32巻）が八木書店から出ている。

有島武郎

或る女

女性の主人公を視点人物として戦前日本の男性作家が書いた作品のなかで、もっとも精緻でなまなましい心理小説といえば、この作品を挙げねばなるまい。とりわけ、不敵な誘惑者を前に、統御しがたいデモーニシュな欲動に貫かれるその女性の心が、太平洋の米国航路を往復する船内の空間構成と密に絡み合う前半部の迫力は、出色。その男と互いに堕落させ合うような同棲生活のなかに、幾人もの同性異性を巻き込んだ末に死んでゆくヒロインの口から漏れる余りにも即物的な結語（「痛い〳〵……痛い」）は、漱石『それから』の結末における、あくまでもメタフォリックな心内語（「焦《こげ》る焦《こげ》る」）と好対照をなして長く忘れがたい。日本版『ボヴァリー夫人』の名をさほど裏切らぬ一作。時代に台頭したプロレタリア運動にたいする真摯率直にして鋭利な必敗表明（「宣言一つ」）もまた、啄木「時代閉塞の現状」と好一対をなす文章として必読に値する。

渡部直己

有島武郎（一八七八〜一九二三）大正期の作家。『或る女』は新潮文庫（六六七円）で読める。また「宣言一つ」は『有島武郎全集9』に収録されている。『小さき者へ・生まれ出づる悩み』は新潮文庫と岩波文庫、『惜しみなく愛は奪う』は新潮文庫、『一房の葡萄』は角川文庫と岩波文庫で入手可能。また『カインの末裔』は岩波文庫に入っていたが、現在品切れ。『有島武郎全集』（全15巻別巻1）が筑摩書房より刊行中。

志賀直哉

小僧の神様

かつては、本作品に倣って「小説の神様」と呼ばれた志賀の代表作といえば、まず唯一の長編『暗夜行路』があげられようし、他にも『和解』『大津順吉』『城之崎にて』といった中短編が、志賀作品の核をなしている。しかし、残酷な童話といってよい本作品は、単に志賀のなかでもっとも人口に膾炙したものであるというばかりでなく、志賀の作家的核心をなす特異な「アンチ・ヒューマニズム」がきわめて鮮明に出ているという意味で、実は難解な志賀直哉への格好の、入門編である。

貧しくて屋台の寿司を食えない小僧にホロリとして、最後のどんでん返しで、その感傷に恥じるという読書体験は、文学を学ぶうえで必須なイロハだろう。

絓秀実

志賀直哉（一八八三〜一九七一）大正・昭和期の小説家。『小僧の神様』は、新潮文庫（四三八円）で読める。他に『暗夜行路』は新潮文庫と岩波文庫と角川文庫、『和解』は新潮文庫と角川文庫、『清兵衛と瓢箪・網走まで』『灰色の月・万暦赤絵』は新潮文庫、『城の崎にて』は角川文庫で入手可能。『新版志賀直哉全集』（全22巻）が岩波書店から出ている。

内田百閒

冥途・旅順入城式

話題の谷崎賞作家・川上弘美を「フェミニンな内田百閒」と評した批評家がいる。小手の利いたレッテルではある。が、それなら百閒は「マスキュリンな川上弘美」なのか。そんなことは断じてありえぬ点を痛感できるか否かに、この短編集の読者の（性差を超えた）資質が問われている。何にしろ「私は遣唐使になつて支那に来た」という冒頭一行の「けんとうし」から、「犬と牛」と「凍死」を引きだして絶妙の一編を作り出してしまう書き手なのだ。別に、「件」の一語からは、「人」の顔をした「牛」に変身した人物の悲哀が描かれ、「菊」は「掬」に変わる。日本語による「撒種《デイセミナシオン》」!? しかし、どの一編をとっても少しも難解でなく、読むほどにひたひたとあたりに漂う不気味な明るさのなかで、たえず理由もなく怯えている「私」の姿も馴染みやすい。夏目漱石『夢十夜』と併せ読むべし。ペット好きな人は『ノラや』が必読。傍目には何ともアホらしい愛玩の極致が無類の名文を生んで、これまた逸品。

渡部直己

内田百閒（一八八九〜一九七一）小説家、随筆家。『冥途・旅順入城式』は岩波文庫（六六〇円）で読める。『ノラや』は中公文庫で入手可能。他に『御馳走帖』（中公文庫）、『百閒随筆』（講談社文芸文庫）、『私の「漱石」と「龍之介」』（ちくま文庫）、『東京日記／他六編』（岩波文庫）が入手可能。『新輯内田百閒全集』（全32巻）が福武書店から出ていたが、現在入手不可。

宮澤賢治

銀河鉄道の夜

暗い沈鬱な日常を、明るくひらけた世界に変えるのには、言葉があるだけで充分である。見慣れた日常を科学者の目で観察し、理科の教科書のような平易な文体で即物的に記述し直すこと。そしてどこか外国語のような名称でそれを呼び直すこと。賢治が持っていた文学上の武器は基本的には、ただこれだけだった。これだけで辺鄙な一地方都市——岩手は地球上のどこでもない、けれどどこでもありうる普遍的な世界イーハトーヴに、平凡な人々は忘れえないユニークなキャラクターとなって輝きだした。こうした賢治の世界を、けれど実際の世界に当てはめ建設しようとするとき、その文学的魅力こそが、現実のさまざまな矛盾を蔽いかくす危険な装置として使われてしまう可能性もあったことは見逃してはいけない。

岡崎乾二郎

宮澤賢治（一八九六〜一九三三）詩人、童話作家、農芸科学者、宗教思想家。『銀河鉄道の夜』は、角川文庫（四二〇円）、岩波少年文庫（六八〇円）、新潮文庫（四〇〇円）などで読める。『注文の多い料理店』『風の又三郎』『セロ弾きのゴーシュ』『雨ニモマケズ』など各社文庫で入手可能。詩集では『宮沢賢治詩集』（岩波文庫）などがある。ちくま文庫から『宮沢賢治全集』（全10巻）が出ている。

江戸川乱歩

押絵と旅する男

押絵というのは羽子板なんかについている布を貼り付けた絵だ。で、生きた人間が押絵になっているというのがこの小説。って馬鹿々々し過ぎないか。しかし、乱歩はこんなもんじゃすまない。「鏡地獄」。よく遊園地なんかに歪んだ鏡が置いてあったりするが、これは内側が鏡になった球のなかに入る男の話だ。男はどんな恐ろしいものを見たのでしょう？　って、あまりたいしたことはないと思う。ただ馬鹿なだけとの印象が否めない。だが、馬鹿というなら、やっぱり「人間椅子」だ。椅子職人が椅子の内部にすっぽりはまって、女性が来たって座すを待ち、猥褻な気分に浸るという例のやつ。感動的なまでのアホらしさである。

まったく乱歩は馬鹿々々しい。で、そこが素晴らしい。面白い。ミステリ批評家としての乱歩も見逃せないが、やはり作品の馬鹿々々しいまでの幻想性が、後進の作家たちをインスパイアしてきた功績は大きい。

奥泉光

江戸川乱歩（一八九四〜一九六五）探偵小説作家、評論家。「押絵と旅する男」は、ちくま文庫『ちくま日本文学全集19江戸川乱歩』（一二〇〇円）に収録されている。「鏡地獄」「人間椅子」も前書に入っている。その他の作品は、創元推理文庫、春陽堂書店の江戸川乱歩文庫、ポプラ社の「少年探偵・江戸川乱歩」シリーズなどで入手可能。

横光利一
機械

フォルマリストとして「国語」との「不逞極まる血戦」を続けた前衛作家・横光の、新心理主義時代の代表作で、当時翻訳紹介されつつあったジョイスやプルーストの文体の影響が強いといわれるが、果たしてそれだけか。

ネームプレート工場における、「私」と職人や経営者「主人」との心理的かけひきを描いていると要約しうるこの作品の物語は、内容的にも、横光が敵対した（と見なされた）プロレタリア文学（のパロディ）のようであり、なおかつ、「蟹工船」（小林多喜二）や『太陽のない街』（徳永直）といったプロレタリア文学の代表作の文体が、実は『上海』に集約される新感覚派時代の横光のそれに類似しているといいうるのであれば、この作品もまた、マルクス主義との緊張のなかで書かれたと捉えられるべきだろう。とりわけ、一貫して横光のライヴァルであった福本イズム的「前衛」主義との。

絓秀実

横光利一（一八九八〜一九四七）小説家。「機械」は新潮文庫『機械・春は馬車に乗って』（三二〇円）、岩波文庫『日輪・春は馬車に乗って／他八篇』（六〇〇円）に収録されていて、読むことができる。他に入手可能なものに『上海』（岩波文庫）、『家族会議』『寝園』『愛の挨拶・馬車・純粋小説論』『旅愁』『夜の靴・微笑』の講談社文芸文庫がある。『定本横光利一全集』が河出書房新社から出ていたが、現在入手不可。

谷崎潤一郎

春琴抄

日本語で書かれた小説のベスト・ワンを挙げよと強いられたら、たぶん、この作品か同じ作者の『痴人の愛』、選択にかなり迷うはずだ。主人公として描かれた「女」の魅力という点からすれば、ニーチェ『善悪の彼岸』の冒頭を地でゆくような「表面」(へ)の誘惑者・ナオミに軍配を挙げたいし、描き方そのもののマゾヒスティックな姿態を伝える奇跡的な日本語という意味でなら、この作品を採らねばならない。読点ひとつ打たずに延々と引き延ばされ、幾重にも襞なし、ことの大小、遠近、濃淡を自在に操って複雑精緻な文体が、そのくせ、どんな直叙をも凌ぐ生々しさで、貴女と下僕の恋の場景を鮮やかに脳裏に刻みつける。それが余りにも鮮やかなので、佐助が針先で己が瞳を貫くくだりを、尖端恐怖症のわたしは正視できず、谷崎論の著者でありながら、この山場をいまだに引用できぬ始末なのだ。そんな小説は他にないので、やはりこれがベスト・ワンか。

渡部直己

谷崎潤一郎(一八八六～一九六五)小説家。『春琴抄』は新潮文庫(二八六円)で読める。『刺青・秘密』『痴人の愛』『蓼喰う虫』『卍』『吉野葛・盲目物語』『猫と庄造と二人のおんな』『細雪』『少将滋幹の母』『鍵・瘋癲老人日記』は新潮文庫、『潤一郎訳源氏物語』『陰翳礼讃』『文章読本』などは中公文庫、『幼年時代』『谷崎潤一郎随筆集』『吉野葛・蘆刈』は岩波文庫で入手できる。また『潤一郎ラビリンス』(全16巻)が中公文庫、『谷崎潤一郎全集』(全30巻)が中央公論新社から出ている。

夢野久作
ドグラ・マグラ

日本の近代小説史には俗に「黒い水脈」と呼ばれる潮流があって、これは戦前、「新青年」あたりで活躍した作家たちに源流がある。具体的には、小栗虫太郎、夢野久作、久生十蘭といった人たちであるが、『ドグラ・マグラ』は、小栗の『黒死館殺人事件』と並び、その代表作といってよいだろう。特徴は、身辺雑記へと退化した私小説的伝統とは正反対の、作品の完成度を損なってやまない言葉の過剰性とフェティシズム。無駄なまでの熱気と衒学趣味。反リアリズムの徹底とメタフィクションのごとき方法への傾斜といったところか。

戦後、「黒い水脈」は、中井英夫『虚無への供物』という傑作を産み、現在のいわゆる「新本格」探偵小説作家たちに強い影響を与えた。半村良、山田風太郎の、戦後二大伝奇作家も同じ流れを汲んでいると思われるし、一大マゾヒストSF絵巻『家畜人ヤプー』をこれに加えることも出来るかも知れない。「黒い水脈」があって本当によかった。

奥泉光

夢野久作（一八八九〜一九三六）探偵怪奇作家。『ドグラ・マグラ』は、社会思想社の現代教養文庫（九八〇円）、角川文庫（全2巻／五〇〇円・五八〇円）で読める。『氷の涯』『悪魔祈祷書』『爆弾太平記』『死後の恋』は現代教養文庫、『少女地獄』は角川文庫、『あやかしの鼓』『人間腸詰』は角川ホラー文庫、『超人鬚野博士』は春陽堂書店で入手可能。また『夢野久作全集』（全11巻）がちくま文庫から出ている。

中野重治

村の家

いわゆる転向小説の白眉として知られる。共産党の運動から撤退することを誓って転向、田舎の実家に帰ってきた主人公の作家・勉次に対して、転向したのなら筆を折れと迫る父・孫蔵との争論の場面は、あまりにも有名であり、確かに、これをしのぐ転向小説は存在しない。しかし、これを吉本隆明『転向論』の提示した図式にのっとって、知識人(勉次)対大衆(孫蔵)、あるいは近代対前近代の葛藤・対立として捉えるのが正しいか否かは、今なお検討を要するだろう。「小役人」たる孫蔵は、その職業からして、すでに知識人的な存在であり、そもそも、グラムシがいうように、パン屋も料理人も技術＝知識を媒介にしているのだから、「知識人でない人間はいない」。

『村の家』という題名にひきずられて、「村」＝前近代と捉える読み方は、いかにも短絡的だといわねばならない。むしろ、村をもつらぬく一九三〇年代の日本資本主義を踏まえて、転向という事態を読み解くことが、この作品から求められる。

絓秀実

中野重治(一九〇二〜七九) 詩人、評論家、小説家。「村の家」は講談社文芸文庫『村の家・おじさんの話・歌のわかれ』(一〇五〇円)で読める。他に岩波文庫『梨の花』『藝術に関する走り書的覚え書』、平凡社ライブラリー『中野重治は語る』『中野重治評論集』、講談社文芸文庫『空想家とシナリオ・汽車の缶焚き』『五勺の酒・萩のもんかきや』、中央公論新社『敗戦前日記』が入手可能。また『中野重治全集』(全28巻別巻一)が筑摩書房から出ている。

川端康成
雪国

「もう何もすることがない」「もう何も書くことがない」という全てが終わったあとの茫然自失のなかで人は何をして生きてゆくだろうか？　焼跡や廃墟を眺めても、人はつい叙情に走ってしまう。絶望しても、人は詩を詠むし、ああでもない、こうでもないと呟きながら、メランコリーと戯れてしまう。人は死なないための知恵として、メランコリーを活用することもできるのだ。自分を知る友人や家族全ての人々に先立たれ、一人現在に取り残された老人が朦朧とした意識のなかでおのが過去を反芻する。もう食事も性交もできなくなってしまった人が、メニューを眺めたり、裸の女性の体を凝視したりする。川端の作品を貫いている「末期の目」には、そんなイメージが当てはまる。

仮に川端以後の作家が、『雪国』のような作品を書こうと試みても、観光小説にしかならないだろう。子どもから老人まで幅広い読者を獲得していたのは、平板な文章によるところが大きかったが、普通誰にでも読める文章は感傷と対になる。あたかも冥界を俳句に詠んだような川端の描写を模倣するのは容易ではない。『伊豆の踊子』も『雪国』も冥界の話で、登場人物は皆死者だと思って、読むと妙に納得がいくところがある。

島田雅彦

川端康成（一八九九～一九七二）小説家、評論家。『雪国』は、新潮文庫（三二四円）、岩波文庫（三六〇円）、角川文庫（二八〇円）で読める。『千羽鶴』『古都』『伊豆の踊子』『山の音』『みづうみ』『眠れる美女』などのその他の作品は主に新潮文庫で手に入る。『川端康成全集』（全35巻別巻2）が新潮社から出ている。

折口信夫
死者の書

「国文学の発生」や「大嘗祭の本義」などの刺激的な創意知見に瞠目する一方、折口信夫を読んでいると、時折ふと、通天閣展望台の一角に、アメリカ渡りの福神として鎮座する「ビリケンさん」を思い出してしまう。折口ゆかりの地縁の濃さや、その「まれびと」論の作用もあるのだろうか。良いものは、此処ではなくたえず他所から、それも潮風に乗ってやってくるに違いないといった無根拠な確信が、無数の手の垢や脂としてこびりついているあの珍妙な「神像」。これを初めて目にした際の、脱力感、くすぐったさ、隔靴搔痒のあてどなさを確かによぎる不意の懐かしさ、といったものが、何とも折口的ではないかと勝手に思いこんでいるのだが、この小説のクライマックスで、古代飛鳥の姫娘が幻視する「黄金の髪」の阿弥陀仏にも同じ気配が漂っている。むろん、こちらのエピファニーの表面は、松浦寿輝『折口信夫論』が示すごとく、恐ろしく異様な日本語の手沢に「したした」と輝いているのだけれど。

渡部直己

折口信夫（一八八七〜一九五三）国文学者、民俗学者、歌人、詩人。『死者の書』は中公文庫『死者の書・身毒丸』（五九〇円）で読める。『日本芸能史六講』は講談社学術文庫で入手可能。『折口信夫全集』（全37巻別巻4）が中央公論新社から出ている。

太宰治

斜陽

チャーミングな文章家として絶大な人気を誇る太宰治は、青少年にマリファナによるバッド・トリップと同じ精神状態をもたらして来た。数度にわたる自殺未遂、心中、麻薬中毒、被害妄想と、少年の心を持ったオヤジがやりそうなことは全てやった。とことん不健康に生きるにも若さや体力が必要である。太宰にいかれること自体が青春だ。

戦後、作家というと、太宰ばりの無頼をイメージする人が増えたが、それは転向と関わりがある。戦時下の左翼が思想よりも生活を取り、ただのいい人に転向するその経験を、のちの作家も踏襲している。社会への、読者への迎合という形で。太宰も転向したが、生活も作品も青春を引きずったので、そのカッコ悪さがカッコよく見えるだけだ。中年になっても無頼を気取る現代の作家たちは必ず、作家の退廃を正当化し、ただのクズに成り果てる。彼らは長生きをした太宰であり、彼らの存在にお墨付きを与えているのが死んだ太宰である。太宰を読めば、彼らの作品は別に読まなくてもよい。

島田雅彦

太宰治（一九〇九〜四八）『斜陽』は、文春文庫（六三八円）、新潮文庫（三二四円）、集英社文庫（三二四円）、岩波文庫（三六〇円）などで読める。その他の作品も各社文庫で手に入る。また『太宰治全集』（全10巻）がちくま文庫で出ている。

大岡昇平

俘虜記

戦争体験もまた内面化され、記憶は自分に都合のいいものと悪いものに分類され、後者は永遠に封印される。おのが被害者意識だけを語る戦争体験なんて信じてはいけない。証言者が生きているあいだは、歴史の検証はおこなわれ続けるので、様々な異説、仮説が飛び出す。近過去の歴史は現在の政治にも直接的な影響を及ぼすがゆえ、歴史の記述には利害が生じる。そこに歴史修正主義者がはびこる。歴史が確定するのは、それこそ誰もいなくなってからだ。しかし、証言や資料は集められるうちに集めておかなければ、散逸してしまう。これまでどれだけの事実が火にくべられて来たことだろう。

小説はそれが事実であろうとなかろうと、書いてしまうことができる。だからといって、事実でないものを事実だといい張ることはできない。大岡昇平は事実とそれを語る態度とのあいだの裂け目にこだわった。限りなく事実に接近することはできる以上、勝手に事実をつくることだけは慎んだ。歴史の記述と小説の語りは根本的に異なる。大岡昇平はこの当たり前のことを、なおざりにしなかった。だから、かろうじて日本でも客観的歴史記述は可能だった、とのちの者が胸を張れる。

島田雅彦

大岡昇平（一九〇九〜一九八八）作家、評論家。『俘虜記』は新潮文庫（六二九円）で読める。他に新潮文庫『武蔵野婦人』『野火』『花影』『事件』、中公文庫『レイテ戦記』、講談社文芸文庫『成城だより』『中原中也』、集英社文庫『靴の話―大岡昇平戦争小説集』、岩波文庫『野火・ハムレット日記』、第三文明社『現代小説作法』が入手可能。また『大岡昇平全集』が筑摩書房から出ているが、一部品切れ。

埴谷雄高

死霊

全体で九章からなる作品は、原稿用紙六〇〇〇枚を越える長さを持つ。最初の三章が発表されたのが一九四六年、それからほぼ五〇年後に最後の九章が世に出た。半世紀かかって記された物語は、二日半の出来事を描いて、未完に終わっている。

『死霊』はいわゆる「黒い水脈」(『ドグラ・マグラ』の項を参照)系の小説であり、ミステリである。ただし解かれるべき謎は、これだけの量が書かれていながら、いまだ明確には提示されていない。未完どころか、まだはじまっていないともいえる小説だ。いずれ奇書には違いない。

酔狂な人は九章全部読むといい。読後には「なんだこりゃ?」と思わず首を傾げたくなるだろう。ただし、そのとき、君はきっと笑っているはずだ。それは小説が面白い証拠である。その際の笑い方まで作者は準備してくれているから嬉しい。さあ、黙狂首猛夫と一緒に笑おう。「ぷふい!」

奥泉光

埴谷雄高(一九一〇〜一九九七)『死霊』は講談社『埴谷雄高全集3』(八八〇〇円)で読める。『埴谷雄高全集』(全19巻別巻1)が講談社から出ている。

三島由紀夫

仮面の告白

日本浪漫派の末弟であった三島は実質、この作品以後、認識魔の語り手を自在に駆使するようになる。金閣寺を焼いた青年僧も、『禁色』の老人もそうだが、あらゆる事象を眺め尽くそうとする語り手が、その後に書かれた作品の背景に潜んでいる。説明過剰、アイロニー過剰の認識魔にとって、『仮面の告白』は唯一の自伝ともいえる作品だ。ここにちりばめられた虚飾こそ、不幸にも戦後を生き延びることになった男のありのままの姿である。

『仮面の告白』を読んだら、『春の雪』を読むこと。前者の主人公の進化形を、認識面においては本多繁邦、行動面においては松枝清顕に見ることができる。『春の雪』は恋愛小説の不可能性に正対し、恋愛の自由と過酷をアイロニーなしに書き尽くした傑作だ。恋とは、この世では決して成就しない彼岸の欲望である。『春の雪』の松枝清顕は、真に日本の近代小説が産み落としたもっとも不吉な恋狂いであった。真に彼を反復しうる恋愛のヒーローはなかなか現われるものではない。普通は恋を殺して、自分を救うものだから。

島田雅彦

三島由紀夫(一九二五〜七〇)小説家、劇作家。『仮面の告白』は新潮文庫(四〇〇円)で読める。『豊饒の海』の第一巻『春の雪』も新潮文庫で入手可能。他に『金閣寺』『禁色』『潮騒』『鏡子の家』『憂国』『午後の曳航』など主だった作品も、ほとんど新潮文庫で入手可能。現在、『決定版三島由紀夫全集』(全42巻のうち15巻が既刊)が新潮社から刊行中。

武田泰淳
ひかりごけ

武田泰淳は戦後派のなかでは特異な「アンチ・ヒューマニズム」の作家と評されたが、第二次大戦末期に実際にあった事件に材をあおぎ、人肉食を主題としたこの作品は、その代表的なものであり、その主題からして、大岡昇平の『野火』と、しばしば並び称せられてきた。

しかし、泰淳の「アンチ・ヒューマニズム」といっても、それは今なお様々に論じられなければならない未知の側面を持っていよう。たとえば、この作品は一応短編小説に分類されているが、しかし、戯曲形式も一部採用されている。なぜ、かかる異様な形式が選び取られねばならなかったのか。それ自体、小説というヒューマニズム的ジャンルへの抵抗と呼ばれうるかもしれない。事実、泰淳の小説の多くは、『ひかりごけ』ほど露骨ではないにしろ、形式的破綻をきたしているものが散見される。

絓秀実

武田泰淳(一九一二〜一九七六)『ひかりごけ』は新潮文庫(四〇〇円)、ちくま文庫『ちくま日本文学全集42 武田泰淳』(九七一円)で読める。他に『司馬遷―史記の世界』(講談社文庫)、『風媒花』(講談社文芸文庫)、『士魂商才』『貴族の階段』(岩波現代文庫)、『目まいのする散歩中』『富士』(中公文庫)が入手可能。

深沢七郎

楢山節考

巷間、敗戦後アメリカ一辺倒の社会に突如として「忘れられた日本」を蘇らせたと謳われるデビュー作。選考に当たった三島由紀夫、武田泰淳らを驚嘆させた新人賞受賞作だが、いっけん棄老伝説の土俗性を全面にきわだてながら、そのじつ、きわめてモダンな作品構造と独特の飄逸味とが絶妙にかみあう逸品。嬉々諾々として死を願う老婆とその家族にまつわる心理的なものの省筆と、細部の異様な肥大箇所との取り合わせも見事に冴えている。しかも、計算づくの見事さが、それと感じさせせぬタッチであしらわれ、新人作家とは思えぬ完成度を誇示してやまない。爾来、『笛吹川』『おくま嘘歌』などの作品をとおし「ババアを書かせたら日本一」の盛名を久しく恣にする。わたしとしては、『風流夢譚』の禿げの「昭憲皇太后」をその随一に数えたい気もするが、果たしてあなたは、右翼少年による殺傷事件を中央公論社長宅に招いたこの大逆ユーモア小説の存在をご存知だろうか？

渡部直己

深沢七郎(一九一四〜一九八七)『楢山節考』は新潮文庫(三六二円)で読める。他に『言わなければよかったのに日記』(中公文庫)が入手可能。また『深沢七郎全集』(全10巻)が筑摩書房から出ているが『風流夢譚』は入っていない。

安部公房
砂の女

安部公房は一昔前のアヴァンギャルドである。というと、古臭いんじゃないかと思われるかもしれないが、たしかにそういうきらいはある。が、二〇世紀も終わってそろそろ味が出てきた可能性もあるので、読んでみると面白いかもしれない。どうせ読むなら、いかにも前衛っぽい『壁』なんかどうか。レトロな気分を味わうには絶好じゃないかな。『第四間氷期』はSF好きに勧めたい。で、『砂の女』だが、これはほとんど古びていない。やはり造作がオーソドックスなせいだろう。一編の主役ともいうべき砂について、さまざまに交替するイメージを手堅く重ねていく方法が参考になる。戯曲化して上演するとしたら、主役の男が仲代達也で、女が岸田今日子という感じにどうしてもなってしまうのが問題だが、そのあたりの「ありがち」感を打破する強靱な「読み」を求めたいところだ。

奥泉光

安部公房（一九二四〜一九九三）『砂の女』は新潮文庫（四三八円）で読める。『壁』『第四間氷期』も新潮文庫で入手可能。他に『飢餓同盟』『他人の顔』『箱男』『箱舟さくら丸』『カンガルー・ノート』など主だった作品も、ほとんど新潮文庫で手に入る。また新潮社から『安部公房全集』（全29巻・別巻未刊）が刊行されていている。

野坂昭如
エロ事師たち

この作品に驚嘆した当時の批評家たちによれば、野坂昭如の先祖は井原西鶴だという。明治・大正・昭和のいかなる作品とも類縁を示さぬような文体の特異さに限るなら、まったく的外れな評ではない。だが、彼をまぎれもなく近代日本の一流作家と目する我流の血縁図によれば、野坂昭如の実父は『堕落論』と『白痴』の坂口安吾であり、腹違いの弟は中上健次、父方の大叔父に鼻つまみ者の岩野泡鳴と行方知らずの大泉黒石がいて、生母はむろん太平洋戦争の「焼け跡」である。野蛮な活気と鋭利な知力とが共存するこの貴重な血族において、ストーリー・テリングの才気は、本書作者を以て随一となす。女学校のそばで、もしや娘たちの陰毛の一筋三筋と、スブやん。自作ポルノ読みつつ気を遣り、遣りすぎて頓死するカキヤ。その棺桶を台にした通夜麻雀。父娘の白黒ショー、等々……と、面白ろうてやがて哀しき野坂かな。その哀感をどう見るかは微妙な問題を含むが、少なくもわたしは、これほど面白い日本の小説を読んだことはない。なお、近年この作家の隠し子を自称する書き手が現われたが、まあ、遺伝子鑑定の必要もなかろう。

渡部直己

野坂昭如（一九三〇〜）作家、歌手。『エロ事師たち』は新潮社（四〇〇円）で読める。『火垂るの墓』『アメリカひじき』は新潮文庫、『ひとでなし』は中公文庫、近作『少女M』は講談社で入手可能だが、他の作品は品切れが多い。ただ国書刊行会から『野坂昭如コレクション』（全3巻）が出ていて、中短編が読める。

島尾敏雄

死の棘

戦後の無頼派作家をきどる夫の放蕩に一〇年間じっと耐えてきた妻が、ある日とつぜん、プッツンとキレる。以後ものの見事に主客転倒、キレにキレまくる妻の狂気に翻弄されながら、みずからもまた、かつてあったはずの「私」の輪郭を瓦解してゆく主人公と、両親の狂態に巻き込まれ、同じく調子を狂わせるふたりの幼い子供。この四人家族の出口なしの日常を描いて巷間「私小説の極北」と謳われる名作だが、読みどころはその悲惨さではなく、むしろ、滑稽さにある。この「地獄絵」を目の当たりにして一度も笑い声を立てないような読者は、たぶん小説とは永遠に無縁の存在である。この世には確かに、笑いこけずにはいられぬほどの悲惨さがあることを痛感させる逸品のモデルたちの身になってみれば、むろん辛いことなのだろう。だが、人生相談じゃあるまいに、小説の読者たる者、そんなことにいちいち同情している暇はないのだった。

渡部直己

島尾敏雄(一九一七〜一九八六)『死の棘』は新潮文庫(七〇五円)で読める。他に『その夏の今は・夢の中での日常』(講談社文芸文庫)、『忘却の底から』(晶文社)、『記夢志』(沖積舎)、『ちくま日本文学全集32島尾敏雄』(ちくま文庫)、『日本幻想文学集成24島尾敏雄・孤島夢』(国書刊行会)が入手可能。『島尾敏雄全集』が晶文社から出ているが、現在一部のみ入手可能。

大西巨人
神聖喜劇

日本語で書かれた小説のうちから、ベスト・ワンを選べといわれた場合、今ならぼくはこれを選ぶかもしれない。人間というものを、卑小さと偉大さの振幅において描く、その振れ幅の大きさについては他の追従をなかなか許さないものがある。

太平洋戦争のさなか、ニヒリストと自己規定する男が徴集されて軍隊へ入る。軍隊組織のなかで、一兵卒として、犬のごとく命令されるがままに舞おうと男は考えている。そのくせ、この男というのが、ちょっとした不合理にかちんときて、やたら上官に楯をつくやっかいきわまりない人間なのだ。やがて男は超人的な記憶力を武器に軍隊組織に闘争を挑んでいく……。

人間というものが、きわめて馬鹿々々しい存在であると同時に、素晴らしい力を秘めたものでもあると、大笑いしつつ感得できる傑作である。文庫本で五巻と、相当の長編だけれど、読めば必ず元気になれる。

奥泉光

大西巨人（一九一九〜）『神聖喜劇』は光文社、文春文庫、ちくま文庫から出ていたが、現在入手不可。『迷宮』は光文社文庫、『二十一世紀前夜祭』は光文社、『精神の氷点』『大西巨人文選』（全4巻）はみすず書房で入手可能。その他の作品は現在入手不可。また長編『深淵』は大西巨人のホームページで連載中（http://www.asahi-net.or.jp/~hh5y-szk/onishi/kyojin.htm）。

大江健三郎
万延元年のフットボール

一九六七年に『群像』に発表された作品は、共同体に根ざした神話的想像力と、歴史的想像力とが交差し衝突する局面を描くという、高い思想性を備えた長編である。硬直したマルクス主義史観がなお支配的であった当時、こうした共同体と歴史をめぐる思考は画期的であり、七〇年代以降の思想動向を先取りしている。大江健三郎という人は、根っからの小説家なんだろう。それが証拠に、ノーベル賞受賞のあと「断筆宣言」をしたと思ったら、いつのまにか大作を書いていた。あれで「断筆」しなかったらどうなっていたんでしょう。『万延元年』に続く作品群も質が高いが、それ以前の初期作品に魅力があるという人も数多い。『万延元年』が読みづらい人は、『芽むしり仔撃ち』を読んでみるといいかも。右翼の脅迫で本になっていない『セブンティーン第二部』も、『文學界』一九六一年二月号に掲載されているから、探せば読める。この種の話題になった作品は往々にしてつまらない場合が多いが、これは違う。

ここで問題。『万延元年』にはS次兄さんなる人物が出てくるが、何故この人物だけイニシャルなのでしょう。考えてみてください。

奥泉光

大江健三郎（一九三五〜）『万延元年のフットボール』は講談社文芸文庫（一五〇〇円）で読める。『芽むしり仔撃ち』をはじめ、他の作品も新潮文庫、講談社文庫、講談社学芸文庫などで入手可能。

古井由吉

円陣を組む女たち

古井由吉の初期の作品は、梶井基次郎と似ている。たとえば、いつも微熱のなかで書かれている感じがする。さらに、いつも「私」の視点で書かれているが、少しも私的でなく、それを突き抜けて抽象的なものに向かうという感じがある。しかし、古井が結核患者で動けなかった梶井と異なるのは当然である。古井は意識的にこういうスタンスをとることによって、日本文学にかつてなかったものをもたらした。彼の初期作品は、一つの体験、あるいは夢想の記述からはじまり、さらに別の体験へ、飛躍的に移行しつづける。そうした自由連想的な回想が連鎖・重複していくなかで、次第に核心的な出来事、というより構造が浮かび上がる。たとえば、「円陣を組む女たち」という構造が。それは超歴史的な構造であるとともに、戦争という歴史的な事態で露出し、六〇年代の大学紛争のなかでも露出する構造である。「現在」がこういう重層性のなかにあるということを、古井ほどに巧みに描ける作家はいいない。

柄谷行人

古井由吉（一九三七〜）『円陣を組む女たち』は中公文庫（三四〇円）に入っていたが、現在品切れ。入手可能な小説は、新潮文庫の『杳子・妻隠』『白髪の唄』、講談社文芸文庫の『木犀の日——古井由吉自選短篇集』、講談社の『夜明けの家』『聖耳』など。『古井由吉作品』（全7巻）が河出書房新社から出ていたが、現在は入手不可。

後藤明生

挾み撃ち

自己意識とは他人を意識することである。つまり、他人に見られるということを気にすることである。しかし、その他人とは所詮、自分自身である。だから、奇妙なことに、自意識過剰の人ほど自意識が欠けている。サルトルは、他者とは眼差しであり、「地獄とは他者だ」といった。ところが、実際は、他人は君が思うほど、君のことを気にしていないのだ。君が、他人が見ていると思って気取っているのに、実は、誰も君を見ていなかった、としよう。そのような君こそ滑稽である。後藤明生は、こういうちぐはぐな滑稽さにおいて他者を見出したといってもいい。だが、それこそ後藤の痛烈な自己意識にほかならない。サルトルが「見る-見られる」という関係を「地獄」と見なしたとしたら、後藤明生は、「笑う-笑われる」という関係を根源的なものとみなし、そこに「笑い地獄」を見た。そこでは、自分を特権化したり物語化したりすることはできない。『挾み撃ち』という作品では、語り手は、最初から最後まで、たえず自分を物語化しつつ、それを否定し続ける。

柄谷行人

後藤明生(一九三二～一九九九)小説家。『挾み撃ち』は講談社文芸文庫(九八〇円)で読める。ただ、小説に関しては『吉野大夫』(ファラオ企画)、『首塚の上のアドバルーン』(講談社文芸文庫)以外は、『笑い地獄』『何?』『書かれない報告』など初期作品をはじめ、ほとんどの作品が入手不能。『小説―いかに読み、いかに書くか』(講談社現代新書)、『小説は何処から来たか―20世紀小説の方法』(白地社)は入手できる。

円地文子

食卓のない家

一九七二年武装ゲリラ闘争を目指し冬山にこもって訓練していた連合赤軍の学生たちが、内部のリンチで十数名を殺した。この事件がきっかけで日本の新左翼運動が一気に衰退した。これに関しては多くの論評がなされ、小説も書かれた。しかし、このとき、赤軍派の家族が世間から攻撃され、会社を辞めたり自殺したりしたことは注目されなかった。保守派はいうまでもなく、左翼もそれを不問に付した。それを重視したのは円地文子だけである。この小説では、息子が逮捕されながら、会社をやめず謝罪もしない父親が主人公である。実際のモデルにはそんな人は一人もいなかったから、円地が書いたのは、もしそのような人物がいたら、というフィクションである。息子が信念をもってやったことで親が自殺せねばならないのが日本の社会であるとするなら、そのような社会的な強制に抵抗するほうが、漫画的なゲリラなどよりもっと革命的なのではないか、と円地は考えた。実際、この小説では、その結果として、ある意味でリンチに匹敵するような惨劇が彼の家庭に生じるのである。

柄谷行人

円地文子(一九〇五～一九八六)小説家、劇作家。『食卓のない家』は新潮社から出ていたが、現在入手不可。他に『妖・花食い姥』(講談社文芸文庫)、『女坂』(新潮文庫)、『日本幻想文学集成26 円地文子・猫の草子』(国書刊行会)が入手可能。その他『源氏物語』などの翻訳は新潮文庫で手に入る。

中上健次
枯木灘

『枯木灘』を含む三部作（『岬』『地の果て　至上の時』）の主人公、秋幸は、日本語の近代小説の運命を体現する者だ。近代西洋ふうの社会空間を欠くがゆえに、共同体に立脚する「物語」と、浮遊する「私」のあいだで揺れ動くのが、日本語の近代小説の宿命である。「物語」を選ぶか、「私」を選ぶか。だが、中上健次はいずれをも選ばない、分裂そのものを選択する。いうならば宿命を生き、宿命を運命の相においてとらえかえそうとした作家である。だから秋幸は根本的に分裂しているので、分裂の惹起するテンションとスリルこそが作品の読みどころとなるだろう。

『枯木灘』を読んだ人は、『地の果て　至上の時』も是非読もう。日本語の近代小説の業の深さが実感できるだろう。間違っても秋幸を「怒れる若者」だとか、「反抗する若者」とかいった、陳腐かつ雑駁な物語に回収してはならない。中上作品では、『千年の愉楽』を好きになる人もいるだろう。

奥泉光

中上健次（一九四六～一九九二）『枯木灘』は小学館文庫『枯木灘・覇王の七日―中上健次選集１』（七九〇円）で読める。『一九歳の地図』『岬』『紀州　木の国・根の国物語』『千年の愉楽』『地の果て　至上の時』『奇蹟』など主要な作品は小学館文庫の『中上健次選集』（全12巻）で入手可能。また『中上健次全集』（全23巻）が集英社から出ている。

斎藤茂吉
赤光

率直にいって、わたしはこの歌人を余り好きではない。何が「実相観入」か、と時に嘲りたくもなる。同じ短歌なら、吉井勇『酒ほがひ』の遊蕩味、折口信夫『海やまのあいだ』の人離れした悲哀、春日井健『未青年』の愛憐などのほうがずっとよく肌身に滲みる。学生たちには真っ先に寺山修司『田園に死す』を勧めもする。だが、たとえばその寺山の、明らかに『赤光』を意識しつつ存命中の母親を殺した一首「亡き母の真赤な櫛で梳きやれば山鳩の羽根抜けやまぬなり」と、茂吉の絶唱「のど赤き玄鳥《つばくらめ》ふたつ屋梁《はり》にゐて足乳根《たらちね》の母は死にたまふなり」を並べて、やはり格が違うかなあ、と思いもするのだ。格の違いはきっと、五七の韻律を堂々と信じ切って小揺るぎもしない歌いぶりに由来するのだろう。信じる者は救われる？　ともあれ、これがやがて、学徒出陣兵たちにもっとも愛された歌集となる理由も、少しなら理解できる気が今はする。年のせいか。

渡部直己

斎藤茂吉（一八八二～一九五三）歌人。『赤光』は、新潮文庫（五五二円）、岩波文庫（五〇〇円）で読める。他に岩波新書『万葉秀歌』、岩波文庫『斎藤茂吉歌集』『斎藤茂吉随筆集』などが入手可能。『斎藤茂吉選集』（全20巻）が岩波書店から出ている。

萩原朔太郎

月に吠える

いわずと知れた（と、今でもいえればよいのだが）近代口語自由詩の記念碑的詩集。師匠格の北原白秋『邪宗門』の文語律に蠢いていたエキゾティックな頽廃の官能性を、口語の斬新な音律と腺病質のイロニーに絡め取りながら、「青竹」の根の繊毛や、「蛙」を扼殺する子供らの血塗れた「かわゆらしい」手や、憂いげな「探偵」や「くさつた蛤」の吐息を歌った大正モダニスム期に燦爛たるこの詩人が、やがて、『氷島』の文語詩に再転し、評論集『日本への回帰』の無残な書き手となる経緯は、苛烈な教訓にみちている。同時代の誰にもまして卓越した〈イメージ〉と〈リズム〉の産出者が、誰よりも深く〈時局〉に迎合してしまうこと。この教訓への本質的応答として、戦後の現代詩の難解さや、短歌の韻律破壊が熱心に講じられたのだ……と、今でもいえるはずでしたよね、天沢退二郎さん、塚本邦雄さん、ついでに、高橋源一郎さん？

渡部直己

萩原朔太郎（一八八六〜一九四二）詩人。『月に吠える』は角川文庫（五四〇円）で読める。『萩原朔太郎詩集』も岩波文庫、新潮文庫で手に入る。他に岩波文庫『郷愁の詩人与謝蕪村』『猫町／他十七篇』、講談社文芸文庫『虚妄の正義』、ちくま文庫『ちくま日本文学全集18萩原朔太郎』などが入手可能。

田村隆一

田村隆一詩集

小説・批評における戦後派文学の出現とほぼ相即して、田村隆一、鮎川信夫、北村太郎、中桐雅夫らによって雑誌『荒地』が戦後に創刊された。田村の最初の詩集『四千の日と夜』はこのグループの代表的な詩集であるばかりでなく、萩原朔太郎や中原中也によってイメージされる近代詩とは明らかに一線を画す「戦後詩」の嚆矢ともなった。「一篇の詩が生まれるためには／われわれは殺さねばならない／多くのものを殺さねばならない」というフレーズは、あまりにも有名である。

戦後詩-現代詩の流れについてはいまだカノン的な歴史は書かれていないが、幸運なことに、思潮社から膨大な現代詩文庫が刊行されており、戦後の重要なほとんどの詩作品は、容易に読むことができる。そこに拠って、詩が発見されんことを。

絓秀実

田村隆一（一九二三～一九九八）詩人。『腐敗性物質』（講談社文芸文庫）、『田村隆一エッセンス』（河出書房新社）、『詩集1999』（集英社）、『帰ってきた旅人』（朝日新聞社）などが入手可能。また『田村隆一全詩集』が思潮社から出ている。アガサ・クリスティ、ロアルド・ダール、エド・マクベインなどの翻訳者でもある。

吉岡実

吉岡実詩集

数年前、戦後詩が鮎川信夫、田村隆一らの「荒地」からはじまったという通説に反対して、吉岡実からはじまったという説を、一部の若い詩人が立て、多少の論争があった。どっちがルーツかということにそれほどの意味はないが、現代詩が日本の「一九六八年革命」の芸術的ヘゲモニー・ジャンルであり、その核心に位置していたのが、まぎれもなく（！）吉岡であるとすれば、そうした論を立てる気持ちもわからぬではない。事実、戦後の『静物』『僧侶』にはじまる「存在論的」な作品から、七〇年代の『サフラン摘み』での転回《ケーレ》を経て続く吉岡の詩業は、戦後詩-現代詩のなかで、いまだ「のりこえ不可能」な地平として屹立しているといえる。

　近代文学のなかで、詩が小説に比して周縁的でマイナーなジャンルでありながら、「文学」概念の中心に位置しているというねじれの特異性を、吉岡の詩は体現している。

絓秀実

吉岡実（一九一九～一九九〇）詩人。『吉岡実詩集』『続吉岡実詩集』が思潮社の現代詩文庫で入手可能。『吉岡実全詩集』が筑摩書房から出ていたが、現在入手不可。

坪内逍遥
小説神髄

いうまでもなく、日本の近代文学の成立を可能たらしめた理論書で、読んでみれば、意外に、今なおアクチュアリティを持っていることに驚かされる。この本が刊行された当時の日本は、国会開設と帝国憲法発布を前にして、本格的に近代国民国家創設の第一歩を踏み出そうとしていたが、大隈重信＝改進党の近傍にあった逍遥は、それに呼応して、それにふさわしい小説の近代化を求めたのである。この政治的な文脈は、強調してしすぎることがないだろう。

本書で逍遥が滝沢馬琴に象徴される江戸期戯作の勧善懲悪主義を口を極めて排斥したことは知られている。もちろん、逍遥本人は馬琴の戯作が大好きだった。にもかかわらずというか、それゆえにだろうか、逍遥は、近代国家は世俗化された「市民」小説が必要だと考えたのである。

絓秀実

坪内逍遥（一八五九～一九三五）小説家、劇作家、評論家、教育家。『小説神髄』は岩波文庫（六〇〇円）から出ていたが、現在品切れ。『当世書生気質』『桐一葉・沓手鳥孤城落月』『逍遥遺稿―訳文附原文』もそれぞれ岩波文庫に入っていたが品切れで、現在入手可能なのは『役の行者』のみ。『桐一葉』は白水社で入手可能。

北村透谷

人生に相渉るとは何の謂ぞ

北村透谷は二五歳で自殺した詩人である。日本人は自殺あるいは夭折を好むので、文学史では筆頭におかれる文学者である。彼はまた、日本で最初に、恋愛の意味を哲学的に説き、処女の大切さを説いた人である。今どき、そんなことをいえば、いっぺんに古い奴だと決めつけられる。ところが、透谷は、江戸文学の井原西鶴を受け継いだ当時のベストセラー作家、尾崎紅葉を古いと攻撃して出てきたのだ。西鶴や紅葉の描いたヒロインは、愛や処女性などということは考えたことがなく、自分をどう高く売るか、いかに性的な魅力で男を翻弄するかを中心に考えていた。しかし、そのほうが、現代的ではないか。少女の援助交際が革命的だという学者がいるくらいである。ならば、透谷のほうが古い。さらに、透谷のように、文学で世俗的な権力に対抗するなどというのはダサい。文学なんて、エンターテインメントでいいのだ。そのようにうそぶく人たちに私はいいたいが、君たちは透谷を越えたのではない。たんに、君たちは徳川時代の町人なのだ。

柄谷行人

北村透谷（一八六八～一八九四）明治期の詩人、評論家。『人生に相渉るとは何の謂ぞ』は、旺文社文庫に入っていたが、現在入手不可。『北村透谷選集』が岩波文庫に入っていたがこれも品切れ。入手可能なのは思潮社の現代詩文庫に入っている『北村透谷詩集』のみ。

福沢諭吉

福翁自伝

いわずと知れた、明治期啓蒙の大知識人の自伝であるばかりでなく、日本の自伝文学の最高傑作である。かくも明晰闊達で肯定的な精神が日本近代の黎明期に存在したことの幸運に、われわれは驚くべきだが、同時に、かかる精神が文学とはやや離れた場所にあって、その文章自体も近代日本文学とは基本的に無縁なままにとどまったことの必然性と不幸にも、改めて思いをいたさねばならない。

本書は、諭吉の膨大な著作の中では唯一といってよい口話体の文章で記されているが、その自在な話法は、今なお新鮮であり、二葉亭にはじまる日本の言文一致文体が喪失してしまった何ものかを浮かび上がらせてくれる。

絓秀実

福沢諭吉(一八三四〜一九〇一)明治の思想家、教育者。『福翁自伝』は岩波文庫(七〇〇円)で読める。岩波文庫『学問のすゝめ』『文明論之概略』『福沢諭吉教育論集』、講談社学術文庫『女大学評論・新女大学』『明治十年丁丑公論・瘠我慢の説』、冨山房『福沢諭吉の開口笑話―明治の英和対訳ジョーク集』が入手可能。『福沢諭吉選集』(全14巻)が岩波書店から出ているが、現在はほとんど品切れ。

正岡子規
歌よみに与ふる書

偶像破壊の天才にして、逐語添削の微に光彩陸離たる最良の言語教育者。その短い生涯が俳句・短歌の短詩界にほぼ限定されてあったとはいえ、野蛮さと繊細さが共存する文学者としては、本邦においてこの存在の右に出る者はそうはあるまい。

「貫之は下手な歌よみにて古今集はくだらぬ集に有之候」という名高いタンカをふくむこの歌論は、徹底的に具体的であることが途方もないハッタリを生んでどれほど威力的であるかを痛感させる一著。同種の感銘は『俳諧大要』などからも得られるが、目の前で、紀貫之や芭蕉といった大家らの実作がバサバサ添削され、されてみると確かにそうだよなあ、と納得もしくは錯覚してしまう魅力は、今に捨てがたいどころか、わたしにとっては今なお、己の批評に庶幾して遠く至りえぬ絶品である。その添削のキーワードは「実景」「実感」。これを得るにあたり、また更新するにさいし、彼がリンネやラマルクを彷彿とさせる流儀で、前代までの厖大なデータベース（「俳句分類」）を死ぬまでつくりつづけていた点も見逃せない。

加えて、ベースボールの最初の愛好推奨者としてこのほど野球殿堂入り。以てなおさら運命的な共感をおぼえてしまう。

渡部直己

正岡子規（一八六七〜一九〇二）明治の俳人、歌人、随筆家。『歌よみに与ふる書』は岩波文庫（四六〇円）で読める。岩波文庫『子規句集』『子規歌集』『墨汁一滴』『病牀六尺』『仰臥漫録』『飯待つ間』、講談社文芸文庫『俳人蕪村』が入手可能。また『俳諧大要』は岩波文庫に入っていたが、現在絶版。

石川啄木

時代閉塞の現状

与謝野鉄幹・晶子「明星」系のロマンティックな歌人として出発した啄木が、「芸術と実行」（田山花袋）を謳う日露戦後の日本自然主義のムーヴメントに接し、なおかつ、その帰趨ともいえる幸徳秋水・管野すが子らによる「大逆」事件の衝撃をとらえて「転回」し書いた、ラディカルな天皇制批判のエッセイ。啄木の生前は発表されなかったが、その後の日本の近代文学は、啄木の設定したこのエッセイの地平のはるか手前で逡巡しつづけてきたといって良いだろう。これに応える作品は、私見によれば中上健次の『地の果て　至上の時』まで書かれることがなかった。

なお、このエッセイを書かせたのが夏目漱石であるとする、高橋源一郎『日本文学盛衰史』の説は、まあ間違いで信用しないように。漱石の「大逆」事件観は『思ひ出す事など』に記されている。詳しくは、拙著『「帝国」の文学』を参照せよ。

絓秀実

石川啄木（一八八六～一九一二）明治期の歌人、詩人、評論家。「時代閉塞の現状」は、岩波文庫『時代閉塞の現状・食うべき詩／他十篇』（四六〇円）、講談社スーパー文庫『石川啄木大全』（二二三三円）に収録されている。『新編啄木歌集』は岩波文庫、『一握の砂・悲しき玩具―石川啄木歌集』は新潮文庫、『あこがれ―石川啄木詩集』は角川文庫などで入手可能。

小林秀雄

様々なる意匠

小林秀雄は一九二九年「様々なる意匠」で雑誌『改造』の懸賞評論の次点になった。当選したのは、今なお共産党の親玉である宮本顕治の「敗北の文学」である。このことを特筆するのは、小林がまさにこのような時期に批評家として活動したことに注意してほしいからだ。

一九三七年日中戦争の勃発以後、彼は徐々に歴史的な状況から背を向け、審美的な姿勢に転じた。それは戦後においても変わらない。一般的に、何か文化功労者のようなジジくさい印象がある。しかし、初期の一〇年間、彼の批評は深い洞察力と機敏なフットワークにおいて傑出していた。今読んでも、水際立っている。彼は、当時文壇を支配した、マルクス主義とモダニズムと私小説という三派を「様々なる意匠」として批判した。しかし、彼はたんにそれらを斥けたのではない。彼自身が、それらのいずれの要素をも保持していた。いいかえれば、彼はマルクス主義者よりもマルクスを理解し、モダニストよりも言語の物質性に敏感であり、私小説家よりも自己意識に固執していた。以後に、「意匠」が様々に変わっても、この三つの位相は今も残っている。

柄谷行人

小林秀雄(一九〇二〜一九八三)昭和期の文芸評論家。「様々なる意匠」は新潮文庫「Xへの手紙・私小説論」(四三八円)に収録されている。文庫で入手可能なものは、新潮文庫『作家の顔』『モオツァルト・無常という事』『ドストエフスキイの生活』『本居宣長』、文春文庫『考えるヒント』、中公文庫『人生について』、講談社文芸文庫『栗の樹』、第三文明社のレグルス文庫『西洋作家論』、翻訳には創元ライブラリ『ランボオ詩集』、岩波文庫『地獄の季節』などがある。『小林秀雄全集』(全14巻別巻2)が新潮社から出ている。

保田與重郎
日本の橋

プロレタリア文学が崩壊し、マルクス主義からの「転向」が雪崩を打ったように現象してきた、いわゆる「昭和十年前後」（平野謙）の知的ヘゲモニーは、「ロマン的イロニー」をかかげる保田與重郎らの「日本浪曼派」に帰したといってよい。日本と西洋との橋の違いを比較検討しながら、前者のその貧しさをイローニッシュに、かつ美学的に賞揚する保田のこのエッセイは、「文芸復興」とも呼ばれたその時代の精神にぴったりとそぐうものとして、マルクス主義からの転向に傾斜していく時代の、多くの青年インテリゲンツィアを捉えた。

このアイロニカルな美学主義は、保田においては大東亜戦に向かう時代において、本書のマイナーな構えを払拭し、壮大な「国民的《ナショナル・》美学《エステ》主義《ティスム》」（ラクー＝ラバルト）ともいうべき政治的相貌を鮮明にしていくのである。

絓秀実

保田與重郎（一九一〇〜一九八一）文芸評論家。「日本の橋」は講談社文芸文庫『保田與重郎文芸論集』（一〇五〇円）、新学社『保田與重郎文庫―改版日本の橋』（七二〇円）に収録されている。新学社『保田與重郎文庫』（全32巻）は一部を除いて入手可能。

坂口安吾

堕落論

安吾はビッグ・バンとして終戦を捉えていない。戦中・戦後を通じて、空襲の下町にせよ焼け跡の東京にせよ、そこに生きている個々の人々、もちろん彼は「大衆」などというかたちでイデオロギー的に一括して語ったりはしないわけで、個々の生活そのものに観察の目を向けている。「空襲がなくなって寂しい」といった妊婦とか、あるいは独特の生態で暮らしている浮浪児を、戦国の世のただなかに暮らす足軽や農民と並列的に眺めるような、独特の光学を持っていた。歴史が変わっても政治の体制が変わっても、一〇〇年、二〇〇年、三〇〇年くらいの年月がたとうと、変わらない部分があると見ていたわけで、それが独自の歴史観を生み出した。「安吾巷談」あるいは「安吾史談」では、焼け跡の大衆に向かって語りかけるスタイルをとりながら、同時に啓蒙活動をおこなった。安吾が評価されるべきは、焼け跡の大衆と同じ視線に立つこと、同じ場所の空気を吸うこと、同じものを食うことをしつつ、その大衆にしてやられたり、だまされたりすることであり、またそういう位置に立ちながら同時に啓蒙家であったというところだ。

島田雅彦

坂口安吾（一九〇六〜五五）小説家。『堕落論』は、新潮文庫（四二〇円）、集英社文庫（五一四円）、角川文庫（四〇〇円）で読める。文庫で入手可能なものは新潮文庫『白痴』、角川文庫『肝臓先生』『白痴・二流の人』『不連続殺人事件』、講談社文芸文庫『日本文化私観』『白痴・青鬼の褌を洗う女』『風と光と二十の私と』『人間・歴史・風土』『教祖の文学・不良少年とキリスト』『オモチャ箱・狂人遺書』『桜の森の満開の下』『信長・イノチガケ』などがある。またちくま文庫から『坂口安吾全集』（全18巻）が出ている。

花田清輝

復興期の精神

戦時下日本を「暗い中世」と見立てて、それに対する抵抗としてルネサンスを研究してみるという応接は幾つも存在したが、主に戦時下に書かれた花田のこの連作エッセイが興味深いのは、それがルネサンス批判であるというところにある。近代から見て回顧的に捏造されたルネサンス＝ヒューマニズムという概念は、ここにおいて徹底的に批判されている。この意味で、花田は他の戦後文学者（たとえば、埴谷雄高）とは決定的に異質であり、むしろ、『日本文化私観』その他の坂口安吾と近い位置にいる。そこには、ニーチェやフローベールの思想的継承を見ることさえ可能であろう。

「一九三〇年代の思想」という意味では、花田はブレヒトやベンヤミンの近傍にある。戦後の花田が、バタイユ、クロソウスキーらのサークルにいた岡本太郎と芸術運動を協働したということも、このあたりから根本的に考えなおされねばならない。

絓秀実

花田清輝（一九〇九〜一九七四）評論家、作家。『復興期の精神』は講談社学芸文庫に入っていたが、現在品切れ。ただ、ちくま文庫『ちくま日本文学全集60花田清輝』（九七一円）に収録されていて、こちらは入手可能。他に講談社文芸文庫『アヴァンギャルド芸術』『ものみな歌でおわる・爆裂弾記』、未来社『シラノの晩餐』、日本図書センター『近代の超克』、第三文明社のレグルス文庫『随筆三国志』が入手可能。また『花田清輝著作集』（全7巻）が未来社から出ている。

吉本隆明

転向論

戦前における決定的に重要な思想問題であった、マルクス主義／コミュニズム運動からの「転向」という現象は、権力からの弾圧・強制によるものではなく、インテリゲンツィアの「大衆からの孤立」にこそ原因があり、その意味では、当時の日本共産党の象徴的存在たる宮本顕治に代表される「非転向」も、大衆の根源的な心性と断絶したところで保持された態度であるかぎり同断だとして、転向概念に画期的なパラダイム・チェンジをもたらしたものとして知られる。

しかし、そのモチーフを忖度するに、スターリン批判（五六年）以降、ニュー・レフトの生成過程のなかで、日本共産党の思想的・文化的ヘゲモニーの破砕を目論んだものであることは明らかである。この論文は、確かに、それ以降の吉本の思想的ヘゲモニーを決定づけたが、その正負は改めて検討されなければならない面を持っている。

絓秀実

吉本隆明（一九二四〜）思想家。『転向論』は、講談社文芸文庫『マチウ書試論・転向論』（一二〇〇円）で読める。他に文春文庫『わが「転向」』、角川文庫ソフィア『共同幻想論』『定本言語にとって美とはなにか』、講談社文芸文庫『吉本隆明初期詩集』『西行論』、ちくま学芸文庫『宮澤賢治』『柳田國男論・丸山真男論』など。『吉本隆明全著作集』が勁草書房から出ていて、一部入手可能。

江藤淳

成熟と喪失

六〇年安保の直後、アメリカに留学した著者が、そこで出会ったアメリカ・フロイディズムのエリクソン『アイデンティティー』を武器に、安岡章太郎、小島信夫、庄野潤三、吉行淳之介ら「第三の新人」の作家の一九五〇~六〇年代の代表作を、「母の崩壊」という概念で切りまくり、ひいては、そこからアメリカに占領された戦後日本の姿を浮かび上がらせようとした「社会学的」長編評論。著者のその後の「占領下の日本」の歴史研究へと接続するとともに、著者の私的体験にも裏打ちされているという意味で、今なお、多くの論者（とりわけ、上野千鶴子や大塚英志の社会学系）の参照するところとなっている。

これ以前、著者の現代作家への関心は、大江健三郎に向けられていたが、『万延元年のフットボール』以降、著者は大江と決定的に決別し、「第三の新人」に代わったのである。その意味でも、著者の文学的関心の転回を画す批評といえる。

絓秀実

江藤淳（一九三三~一九九九）『成熟と喪失』は講談社文芸文庫（九八〇円）で読める。他に新潮選書『漱石とその時代』、文春文庫『閉された言語空間―占領軍の検閲と戦後日本』『南洲残影』『妻と私・幼年時代』、新潮文庫『昭和の文人』『荷風散策』、講談社文芸文庫『一族再会』などが入手可能。ちくま学芸文庫から『江藤淳コレクション』（全4巻）が出ている。

side readings

参考テクスト70

人文社会科学

『マルクスのために』ルイ・アルチュセール／河野健二他訳（平凡社ライブラリー／1553円）
果たして「マルクスのために」なったかは疑問だが、疎外論を「切断」した意義は大きい。

『キイワード辞典』レイモンド・ウィリアムズ／岡崎康一訳（晶文社／2500円）
文化研究をわざわざ「カルチュラル・スタディーズ」などと訳している暇があったら、まずはウィリアムズを読め！

『聖なるものの社会学』ロジェ・カイヨワ／内藤莞爾訳（ちくま学芸文庫／950円）
文化を「斜め」に読む名人。

『新編─現代の君主』アントニオ・グラムシ／上村忠男訳（青木書店／3200円）
現代資本主義批判のためのキー・コンセプトの宝庫。

『イデオロギーの崇高な対象』スラヴォイ・ジジェク／鈴木晶訳（河出書房新社／3200円）
ラカンをこれだけ面白く、使い勝手がよいものにしたのは功績。ただし、眉に唾して読むこと。

『百科全書』ディドロ&ダランベール編／桑原武夫訳（岩波文庫／760円／品切れ）
世界を理解するためのマニュアルの始まり。

『黒い皮膚・白い仮面』フランツ・ファノン／海老坂武、加藤晴久訳（みすず書房／3400円）
国際恋愛の指南書。元祖ポスコロ。

『ブルクハルト文化史講演集』ヤーコブ・ブルクハルト／新井靖一訳（筑摩書房／6200円）
そもそも人文科学というカテゴリーを作った張本人。

『歴史入門』フェルナン・ブローデル／金塚貞文訳（太田出版／1553円）
歴史としての資本主義を独創的に意味付けるアナール派歴史学の入門書。

『資本主義の文化的矛盾』
ダニエル・ベル／林雄二郎訳（講談社学術文庫／全3巻／720円・680円・860円）
大知識人が語る分析と要約はおおよそ精度80%。このアバウトさが現代の常識。

『ゲーデル、エッシャー、バッハ─あるいは不思議の環』
ダグラス・R・ホフスタッター／野崎昭弘訳（白揚社／5500円）
15歳でゲーデルを知りベケットを読んだ著者が、そんな15歳のために書いた、コンピュータ時代のスリリングな知のパズル。

『メルロ＝ポンティ・コレクション』メルロ＝ポンティ／中山元訳（ちくま学芸文庫／950円）
世界を感じることの悲しさ。

『変容の象徴―精神分裂病の前駆症状』ユング／野村美紀子訳（ちくま学芸文庫／1500円）
これが答えだ、と信じられれば一件落着。

『ポスト・モダンの条件―知・社会・言語ゲーム』
ジャン＝フランソワ・リオタール／小林康夫訳（白馬書房／2500円）
マルクス主義からの転向を「大きな物語」の終焉という形で語った本だが、
現代思想風味のポスト産業社会＝情報社会論としては鋭いところがある。

『歴史と階級意識』G・ルカーチ／平井俊彦訳（未来社／2800円）
1930年代の思想の源流として読めば、いまなお面白い。
アドルノもベンヤミン、そしてハイデガーも（？）、ここから出発した。

『構造と力―記号論を超えて』浅田彰（勁草書房／2200円） 最良の現代思想入門書。

『日本社会の歴史』網野善彦（岩波新書／全3巻／各700円）
統一国家ではなかった、裏から見る日本史。

『現代社会主義と世界資本主義』岩田弘（批評社／2800円）
パラノイアックな理論とシャープな発想が渾然一体となった、日本のウォーラーステインの本。

『ナショナリズムとジェンダー』上野千鶴子（青土社／1900円）
題名どおりの本。ただ、「ナショナリズムとセクシュアリティ」については、今後の課題。

『欧州経済史』大塚久雄（岩波現代文庫／1000円） 学問やるなら経済史。

『時間と自己』木村敏（中公新書／660円）
「時間」と「人間」の間を「間」の概念でつないで間然するところがないが、
体系的にまとまりすぎて隙間がないのが難といえば難？

『無限と連続―現代数学の展望』遠山啓（岩波新書／700円） 最良の構造主義入門。

『分裂病と人類』中井久夫（東京大学出版会／1900円）
あらゆる徴候に敏感に反応するアンテナのような存在が分裂病者だというのだが、
それって何よりも中井久夫自身のことでは？

『林達夫セレクション2—文芸復興』林達夫/鶴見俊輔他編(平凡社ライブラリー/1400円)
ブルクハルトを日本でやり直したかった。

『マルクス主義の地平』廣松渉(講談社学術文庫/971円/品切れ)
唯物史観とは何か? 分かりすぎるくらいよく分かる。

『日本の思想』丸山真男(岩波新書/700円) タコツボ型とササラ型、日本はどっちだ。

『道化の民俗学』山口昌男(ちくま学芸文庫/1264円/品切れ)
「イジメ」を受けた人、必読。君はそのときクラスの英雄でもあった。

『物理講義』湯川秀樹(講談社学術文庫/1150円) 京都学派の「老子」物理学。

文学

『ミメーシス—ヨーロッパ文学における現実描写』
エーリッヒ・アウエルバッハ/篠田一士、川村二郎訳(ちくま学芸文庫/全2巻/1200円・1359円)
一点突破、全面展開の連発。ただし、ちょっとくどいドイツ文芸学のカノン。卒論向き。

『言語の牢獄』フレデリック・ジェイムソン/川口喬一訳(法政大学出版局/2900円)
世界も自己も言語によって構成されているとしたら、その言語という牢獄から出ることはできるか?

『ロシア・フォルマリズム論集』
ヴィクトル・シクロフスキー他/新谷啓三郎、磯谷孝訳(現代思潮新社/1600円/絶版)
君は「猫」という言葉を用いずに、その生物を10行描写できるか?

『反解釈』スーザン・ソンタグ/高橋康成他訳(ちくま学芸文庫/1500円)
解釈に反するための膨大な解釈。

『日本文化私観』ブルーノ・タウト/森儁郎訳(講談社学術文庫/1000円)
外国人が私観を述べると公観と化す。坂口安吾『日本文化私観』を読む前に読もう。

『ヨーロッパ文学講義』ウラジーミル・ナボコフ/野島秀勝訳(TBSブリタニカ/3107円/品切れ)
『ロリータ』を書かしめた神はまた、かくも細部に宿り給う。

『エロティシズム』ジョルジュ・バタイユ/澁澤龍彦訳(二見書房/2800円)
死に至るまでの生の高揚。もうどうにも止まらない!

『批評の解剖』ノースロップ・フライ/海老根宏訳(法政大学出版局/5700円)
よくまとまっている。

「日欧文化比較」ルイス・フロイス(『大航海時代叢書〈第1期11巻〉』収録/岩波書店/6408円)
日本の歴史小説のネタ本。

『少年愛の美学—稲垣足穂コレクション』稲垣足穂(河出文庫/640円)
アヌスはアナロジーを呼び集めて、周囲到るところに肛門あり!

『日本文学史序説』加藤周一(ちくま学芸文庫/全2巻/各1400円)
情報圧縮型日本文学史マニュアル。

『日本近代文学の起源』柄谷行人(講談社文芸文庫/940円)
これを読んでから大学に入ろう。

『戦後詩—ユリシーズの不在』寺山修司(ちくま文庫/524円)
戦後詩の史的展開はこの本にしかなく、この先の展開はなかった。

『明治文学史』中村光夫(筑摩叢書/1000円/品切れ) とても標準的な文学史なのです。

『日本浪漫派批判序説』橋川文三(講談社文芸文庫/1050円)
しかし、ファシズムをこんなすっきり分かっちゃっていいんだろうか?

『反=日本語論』蓮實重彦(ちくま文庫/660円)
漱石はなぜ「三角関係」にこだわり、「うらなり」先生と昭和天皇はなぜ、寡黙で口下手なのか?

『昭和文学史』平野謙(筑摩書房/1000円/品切れ)
依怙贔屓も、ここまでやれば立派にひとつの歴史。平易さもうれしい。

『近代読者の成立』前田愛(岩波現代文庫/1200円)
日本近代文学の研究者で、この本の著者以上に役立った人は、いまだ一人もいない。

芸術

『演劇とその分身』アントナン・アルトー/安堂信也訳(白水社/2600円)
舞台上の肉体に「残酷」の観念を刻みつけて衝撃的。

『新西洋音楽史』
グラウト&パリスカ/戸口幸策他訳(音楽之友社/全3巻/3800円・4400円・4600円/下巻品切れ)
これを読んで音楽が嫌いになった人は多い。

『芸術と文明』ケネス・クラーク/河野徹訳(法政大学出版局/5700円)
テレビを見るようによくわかる美術史。

『錯乱のニューヨーク』レム・コールハース/鈴木圭介訳(ちくま学芸文庫/1500円)
変態と化すマンハッタン。9.11W.T.C崩落は予言されていた?

『芸術と幻影』E・H・ゴンブリッチ/瀬戸慶久訳(岩崎美術社/10000円/品切れ)
裏でウィトゲンシュタインを操っている節あり。

『スペクタクルの社会』ギー・ドゥボール/木下誠訳(平凡社/2718円/品切れ)
ゴダールもご愛用。68年5月の芸術青年たちの最もよく切れた武器
——シチュアオニスト・インターナショナル。

『イメージ—視覚とメディア』ジョン・バージャー/伊藤俊治訳(パルコ出版局/2400円)
美術館の絵——言葉を入れ替え、裏からも逆さまからも見てみなさい。

『視覚的人間—映画のドラマツルギー』ベーラ・バラージュ/佐々木基一訳(岩波文庫/600円)
タイトルの通り。映画論の古典。

『明るい部屋—写真についての覚書』ロラン・バルト/花輪光訳(みすず書房/2800円)
アラ不思議、写真には必ず見たこともないものが写っている。
ここから記号論の外に出ることができるかも?

『第一機械時代の理論とデザイン』バンハム/石原達二他訳(鹿島出版会/4800円)
モダニズム=マシン・エイジ。レトロSFのネタ本。

『形の生命』アンリ・フォション/杉本秀太郎訳(岩波書店/650円/絶版)
渦巻きを眺めていると、気分が高まってくるのは何故?

『宇宙船地球号―操縦マニュアル』フラー/芹沢高志訳(ちくま学芸文庫/900円)
ヴァージョン・アップが望まれる地球操縦術。

『モダン・アーキテクチュア』ケネス・フランプトン/香山壽夫他訳(ADA/全2巻/各2300円)
モダニズムへの反省がいかに耽美な回顧でありうるか。美しい写真がそれを実証。

『モダン・デザインの展開』ニコラス・ペヴスナー/白石博三訳(みすず書房/2800円/品切れ)
ウイリアム・モリスの魂はいかにバウハウスまで辿りついたか。

『ユートピアだより』ウィリアム・モリス/松村達雄訳(岩波文庫/800円)　そして誰もいなくなった。

『群衆の中の芸術家』阿部良雄(ちくま学芸文庫/1200円)
ポストモダンの条件を19世紀のなかに見出す。

『建築の解体―1968年の建築情況』磯崎新(鹿島出版会/4200円)
いまや建築は都市に飲み込まれて解体しつつある?
すでに1960年代からそれを予告していた建築家の報告は、いま読んでも驚くほど新しい。

『日本建築の空間』井上充夫(鹿島出版会/1800円)　日本建築のテニヲハ文法。

『ルネサンス―経験の条件』岡崎乾二郎(筑摩書房/4900円)　ここからしか始まらない。

『日本の伝統』岡本太郎(講談社現代新書/450円/品切れ)　伝統とモダニズムへの爆破未遂。

『日本の音―世界のなかの日本音楽』小泉文夫(平凡社ライブラリー/1165円)
マーチ、ワルツばかりが音楽じゃない。

『日本近代美術史論』高階秀爾(講談社学術文庫/971円/品切れ)
高橋由一の「花魁」はスゴイ。その謎が解けないゆえに。

『南無阿弥陀仏―付心偈』柳宗悦(岩波文庫/700円)
複製技術時代の信仰。本物でなくとも信仰あり。

『千字文』小川環樹、木田章義注解(岩波文庫/800円)
東洋の叡知が漢字千字に圧縮。

リストを見て呆然としている人々のために——あとがきに代えて

　リストを見て呆然となったのはこの僕である。座談会でもいっているとおり、僕は当初、もっと入門的なものをイメージしていた。二〇歳くらいの、知的な訓練のさほどない学生諸君のためのブックガイド。そうしたものがあったら便利だし、大学のゼミや教室で大いに活用しよう……。だが、出来上がったものは、入門的などといった発想を遥か後方に置き去りにしていた。「入門だって？　そんな下らんことごちゃごちゃいっている暇があったら、まずこれを読め！」と声高に叫ぶようなものとあいなった。

　このことは、しかし、必然であったと、本の選定会議やその後の作業を通じて僕は思うようになった。その辺の経緯は「座談会」でも語られているから、ここでは繰り返さないが、ひとつだけ、入門ということについていうなら、たとえば「誰にでもわかる」理想の入門書がかりにあったとして、誰がわかるのかといって、わかるのは必ず具体的な誰かであるという事情がある。特定の誰かが読んでわかるのである。つまり、誰かが言葉と出会う、その出来事こそが知識や文学の世界ではなにより重要なのであり、ならば、そうした出会いを演出することこそが入門書の役割でなければならないだろう。

選定スタッフは一筋縄ではいかない人たちばかりであるから、油断は禁物だけれど、どうせ出会いをセッティングするなら、最高度に魅力的な言葉を、書物を、紹介したいと考えたことは疑えない。最初に手分けして叩き台を作成したうえで、選定の会議を大阪でおこなった。合意形成は素早くなされ、とくに紛糾したのではなかったけれど、一五〇冊を選ぶとなると相応に時間はかかり、思いのほか疲れました。

かくて出来上がったリストは、過去の書物の単なる品評ではない。選定に携わった人々が、今現在、自らが思考し表現することにとって必要だと考える「言葉」であるだろう。その意味で本書は、これらの「言葉」にともにかかわることで、思考や表現の「場」を一緒につくっていかないかとの勧誘でもある。

本書の活用法については冒頭の「座談会」で語られている。ここでは、余計ながら、リストを見て途方に暮れた諸君のために助言を少しだけしておこう。

まずリストの書物を端から全部読んでやろうと考える奇特な人がいたら、止めはしない。是非とも頑張ってほしいと祈るばかりだ。一方、奇特でない諸君は、リストに付された「解説」から見当をつけて、興味のありそうなものを探そう。「解説」では、執筆者それぞれが工夫をこらした「演出」をしているから、きっと参考になるはずだ。

「参考テクスト」の七〇冊は、ほとんど恣意と変わらぬくらい選定基準は曖昧で、しかしだからこそ、選定者の「直観」が働いた面があるから、あるいはこちらのほうに波長が同調する可能性もある。比較的読みやすいものが選ばれてもいる（とは必ずしもいえない面はあるが）ので、それぞれに付された一行ヒントを手がかりに、ここからスタートしてみる手もあるだろう。

それで、実際にテキストを読んでみて、こいつはとても無理だと思った場合、いや、あくまで読み通してやる、読書百遍、理解し抜いてやると、闇雲な覚悟を決める頑固な人がいても、別に止めはしない。是非とも頑張ってほしいと祈るばかりだ。一方、頑固でない諸君は、迅速に別の本へ進もう。ただし、読んでわからなかった口惜しさは肝に銘じておこう。僕などもよく、わからない本に出会うと、これは書いたほうが悪いんだ、こんなのは重要じゃないと、脇に退けたりするのだけれど、本リストに挙げられた書物に限っては、そういうことはまずないから、安心して悔しがろう。

そのうちに、これだと思える書物に出会えたら、リストにはこだわらずに、同じ作家著述家の作品を読み進むのがいいだろう。すると、その読書のなかから、読むべき書物、読みたい書物が、芋蔓式に出てくるはずだから、迷わずためらわずどんどん読めばいい。そうこうしているうちに、はじめは難しくて無理だと思われたものにも手応えが感じられるようになったりするから、やはり勉強はしてみるもんだと、きっと思うようになる。

読書の方法としては、人と一緒に読むのも有効だ。リストには独りではなかなか読み切れないものも多いと思う。一緒に読まないまでも、自分は今何々を読んでいると、人に是非話そう。面白いと思えるものがあった場合には、どこがどう面白いかを人に懇々と語って聞かせよう。書物とかかわるばかりでなく、書物を介して他人とかかわること、そういう仕方で言葉が多方向で交換されること、素朴にいえば、互いに刺激を与えあうこと。それこそが知識の豊かな「場」を形成していくのだと思うからである。

ところで、刺激というなら、僕自身はすでに、このリストから大いに刺激を受けた。「解説」を読んで、ほほう、なるほど、それじゃあひとつ読んでみるかと思った作品がたくさんあった。ということは、リスト中に読んでいないものが多数あると告白しているようなものだが、正直、読んでいないものは数多い。序文には「このリストにある程度の本を読んでいないような者はサルである」と書いてあって、どうにも弱ってしまうが、逆に考えれば、まだまだ多くの未知の宝が前途に隠されていると思えば希望も湧いてくる。実際、諸君がこのリストのなかのどれかひとつでも好きになるなら、大変な財産を得たといってよいだろう。

サルについていえば、そもそもこのリストを前に呆然となった人はサルではない。ここでいわれるサルとは、このリストの書物など今さら読むまでもないと高を括り、人間の知の蓄積を甘く見る者のことなのだ。本書の成立にあたって精力的に仕事をこなし、アイデアを提供した渡部直己氏のフレーズを借りるならば、サルは反省はしても、呆然となったりはしないのである。呆然となれたということとは、少なくも呆然となれるだけの素養がすでにして備わっているということだ。大丈夫。見込みはある。あとは読むだけだ。

それでは、健闘を祈る！

奥泉光

執筆者紹介

柄谷行人《からたにこうじん》	哲学者、批評家。主な著書に、『マルクスその可能性の中心』、『日本近代文学の起源』、『批評とポストモダン』、『探究』、『トランスクリティーク』、『世界史の構造』、『哲学の起源』、『世界史の実験』、『ニュー・アソシエーショニスト宣言』など。
浅田彰《あさだあきら》	批評家、京都芸術大学教授。主な著書に『構造と力──記号論を超えて』、『逃走論──スキゾ・キッズの冒険』、『ヘルメスの音楽』、『「歴史の終わり」を超えて』、『フォーサイス1999』、『20世紀文化の臨界』、『映画の世紀末』など。
岡﨑乾二郎《おかざきけんじろう》	造形作家。武蔵野美術大学客員教授。1982年パリ・ビエンナーレ招聘以来、数多くの国際展に出品するほか、先鋭的な芸術活動を展開。主な著作に『抽象の力 近代芸術の解析』、『ルネサンス 経験の条件』、『芸術の設計──見る／作ることのアプリケーション』など。
奥泉光《おくいずみひかる》	作家、近畿大学教授。主な著作に『ノヴァーリスの引用』、『石の来歴』、『バナールな現象』、『「吾輩は猫である」殺人事件』、『神器─軍艦「橿原」殺人事件─』、『雪の階』、『シューマンの指』、『東京自叙伝』、『桑潟幸一准教授のスタイリッシュな生活』、『ビビビ・ビ・バップ』など。
島田雅彦《しまだまさひこ》	作家。法政大学教授。主な著作に『優しいサヨクのための嬉遊曲』、『夢遊王国のための音楽』、『彼岸先生』、『退廃姉妹』、『天国が降ってくる』、『僕は模造人間』、『彗星の住人』、『美しい魂』、『エトロフの恋』、『フランシスコ・X』、『佳人の奇遇』、『徒然王子』など。
絓秀実《すがひでみ》	文芸評論家。主な著作に『花田清輝〜砂のペルソナ』、『メタクリティーク』、『複製の廃墟』、『世紀末レッスン』、『小説的強度』、『日本近代文学の〈誕生〉〜言文一致運動とナショナリズム』、『「帝国」の文学〜戦争と「大逆」の間』、『革命的な、あまりに革命的な〜「1968年の革命」史論』、『1968年』、『反原発の思想史 冷戦からフクシマまで』、『タイム・スリップの断崖で』など。
渡部直己《わたなべなおみ》	文芸評論家。主な著作に『泉鏡花論──幻影の杼機』、『リアリズムの構造──批評の風景』、『谷崎潤一郎──擬態の誘惑』、『日本近代文学と〈差別〉』、『中上健次論──愛しさについて』、『不敬文学論序説』、『日本小説技術史』、『言葉と奇蹟 泉鏡花・谷崎潤一郎・中上健次』、『小説技術論』、『日本批評大全』、『日本小説批評の起源』など。

＊7刷を増刷するにあたって、本文は6刷（2009年3月18日）の版を使用しましたが、執筆者紹介のみ改訂いたしました。

必読書
150

2002年4月21初版発行
2021年5月31日第7刷

著者

柄谷行人
浅田彰
岡崎乾二郎
奥泉光
島田雅彦
絓秀実
渡部直己

ブックデザイン

鈴木成一デザイン室

帯デザイン

成瀬慧

発行者

落合美砂

発行所

株式会社太田出版
〒160-8571 東京都新宿区愛住町22第3山田ビル4F
TEL 03-3359-6262 FAX 03-3359-0040
振替 00120-6-162166
URL http://www.ohtabooks.com/
営業部メールアドレス sales@ohtabooks.com
編集部メールアドレス editor@ohtabooks.com

印刷・製本

株式会社光邦

ISBN978-4-87233-656-6 C0095